农村支付
服务环境建设
案例汇编

主编 ◎ 温信祥

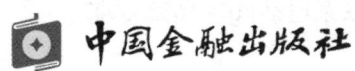

中国金融出版社

责任编辑：肖　炜　方　蔚
责任校对：李俊英
责任印制：张也男

图书在版编目（CIP）数据

农村支付服务环境建设案例汇编/温信祥主编．—北京：中国金融出版社，2019.1
ISBN 978-7-5049-9949-8

Ⅰ.①农… Ⅱ.①温… Ⅲ.①农村金融—商业服务—案例—中国 Ⅳ.①F832.35

中国版本图书馆CIP数据核字（2019）第008167号

农村支付服务环境建设案例汇编
NongCun ZhiFu FuWu HuanJing JianShe AnLi HuiBian

出版
发行　中国金融出版社

社址　北京市丰台区益泽路2号
市场开发部　（010）63266347，63805472，63439533（传真）
网上书店　http://www.chinafph.com
　　　　　（010）63286832，63365686（传真）
读者服务部　（010）66070833，62568380
邮编　100071
经销　新华书店
印刷　保利达印务有限公司
尺寸　148毫米×210毫米
印张　6
字数　120千
版次　2019年1月第1版
印次　2019年1月第1次印刷
定价　38.00元
ISBN 978-7-5049-9949-8
如出现印装错误本社负责调换　联系电话（010）63263947

《农村支付服务环境建设案例汇编》编委会

主　编：温信祥

副主编：樊爽文　穆长春

执　笔（以姓氏笔画为序）：

何正根　吴平勇　宋鹏飞

张卫华　赵锡尧　徐晓莉

高阳宗　高　鹤　韩　露

服务金融普惠　助力乡村振兴

——推动农村支付服务环境建设再上新台阶

习近平总书记在党的十九大报告中指出,农业农村农民问题是关系国计民生的根本性问题,必须始终把解决好"三农"问题作为全党工作重中之重。十九大报告同时作出了实施乡村振兴战略和坚决打赢脱贫攻坚战的重大部署,为新时代做好"三农"工作指明了前进方向,提供了根本遵循。农村支付服务环境建设作为推进普惠金融发展、助力精准扶贫、促进乡村振兴的重要保障和有效推手,任务艰巨,使命光荣。2018年是改革开放40周年,也是乡村振兴战略实施的开局之年,系统回顾新世纪以来我国农村支付服务环境的建设历程,认真总结典型成功案例,对交流工作经验、提高整体履职效能具有重要的借鉴意义,也是进一步厘清工作思路、加快推进农村现代化进程的重要参考。

农村支付服务环境建设正在实现由支农、惠农到兴农的角色转变

农村地区地域广阔,经济发展不平衡,各地农业发展状

况、农民收入和支付习惯存在较大差异。面对"三农"领域迫切的金融需求，人民银行认真贯彻落实党中央、国务院决策部署，坚守"支付为民"初心，坚持需求导向，始终将统筹城乡支付体系建设、改善农村支付服务环境作为我国现代化支付体系建设的一项重要任务常抓不懈，推动建立了多层次、广覆盖、可持续的中国特色惠农支付服务体系，发挥了重要的金融普惠作用。

一是优化支付基础设施资源配置，提高"支农"的可得性。鼓励、引导农村地区银行网点采取经济、灵活多样的方式接入人民银行支付系统，推动建设"农信银"支付清算系统，畅通农村资金"汇路"；优化账户开立流程，通过金融服务流动车、"背包银行"等方式实施"整村推进"，在农村地区大力普及银行账户；引导银行业金融机构、支付机构在乡镇以下地区布放 ATM、POS 等机具，让农村地区银行卡能"用起来"；将具备乡村营业网点作为"三农"政策性项目入围的优先条件，引导银行机构在金融服务需求较为旺盛的农村地区新增实体营业网点，在经济欠发达地区优化网点布局，让农村地区的银行网点能"找得到"。

二是建设银行卡助农取款服务点，增强"惠农"的功能性。人民银行自 2010 年开始在全国农村地区建设推广银行卡助农取款服务点，到 2013 年底基本实现助农取款服务点在全国农村乡镇、行政村全覆盖，有效满足了偏远农村地区各项支农补贴资金、日常小额取现和余额查询等基本金融需求。2014 年，进一步拓展现金汇款、转账汇款、代理缴费等业务，提高交易限额，明确收费优惠机制，开通跨行支付功能，基本满足"三农"地区的日常支付需求。截至目前，我国已建成80余万个银行卡助农取款服务点，使广大农村居民足不出村即可享受基础金融服务，被世界银行誉为"世界上规模最大的代理服务网络"。

三是探索支付服务"三农"新模式，实现"兴农"新使命。人民银行以助农取款服务点建设推广为载体，积极争取政府财政补贴、加强跨行业合作，进一步融合农村电商、反假货币、农村居民信贷需求收集等综合性惠农服务，因地制宜，积极探索推广支付服务"三农"新举措，在全国范围内形成了3大类、12种深化农村支付服务环境建设的特色模式，使助农取款服务点由"支农"、"惠农"向"兴农"迈进，在支持地方农村金融发展、推动金融普惠、助力乡村振兴等方面取得了突出成效。国际货币基金组织和世界银行等国际机构高度认可人民银行深化农村支付服务环境建设相关工作，邀请人民银行和相关支付清算市场主体参与研究制定《G20数字普惠金融高级原则》，并充分吸收借鉴了中国经验。

乡村振兴战略是新时代深化农村支付服务环境建设的总抓手

"上下用心，惟农是务"。习近平总书记在党的十九大报告中结合乡村振兴战略对新时代做好"三农"工作进行了全面部署，并对乡村振兴战略实施作出了重要指示：要坚持乡村全面振兴，抓重点、补短板、强弱项，实现乡村产业振兴、人才振兴、文化振兴、生态振兴、组织振兴,推动农业全面升级、农村全面进步、农民全面发展。乡村振兴战略是新时代"三农"工作的总抓手,也是农村支付服务环境建设工作的总抓手。

进入新时代,党中央、国务院对农村地区金融发展提出了新的更高要求,我国农村地区支付服务发展的愿望更加迫切,农村支付服务产品需求更加多元。与此同时,农村支付服务发展分布还不够协调,农村支付服务安全管理也有待进一步强化。

我们必须一以贯之保持高度的责任感和使命感,沉下心、扑下身,结合中央乡村振兴战略,结合政府重点工作安排,结合地方市情民情,结合市场主体可持续发展需求,结合农村电子商务与特色农业产业发展实际,以踏石留印、抓铁有痕的劲头,持之以恒地提升农村支付服务水平,有效助力精准扶贫,助推金融普惠发展,全面提高人民群众在支付领域的获得感、幸福感和安全感。

具体而言,新时代做好农村支付服务环境建设工作,一是要抓住重点,紧紧围绕扶贫攻坚和乡村振兴战略,推动城乡支付服务融合发展,加快农村支付服务环境建设提档升级;二是要找准切入点,进一步激发助农取款服务点活力,推动支付结算等基础金融服务从服务农民生活向服务农业生产、农村生态有效延伸;三是要把握节点,聚焦深度贫困地区、特殊贫困群体和未来三年3000万左右的农村贫困个体脱贫,有针对性地采取支付服务方面的解决方案;四是掌握平衡点,既要发挥政府统筹,又要发挥市场激励,既要发挥大机构的作用,也要发挥小机构的优势,既要提高农村支付便利性,也要防范支付风险防范,形成建设工作新合力,明确责任,严格考核,狠抓落实,增强农村支付服务发展可持续性,着力解决农村地区支付服务不均衡不充分的问题,更好地服务农村经济社会发展。

因地制宜、各具特色的典型案例是进一步推进农村支付服务环境建设最好的教材

十多年来,在人民银行总行的统一部署和指导下,人民银行各分支机构、各银行业金融机构和支付机构群策群力、真抓实干,因地制宜,积累了大量生动的典型案例素材。这些案例各具特色,效果鲜明,针对全国不同区域特点、不同经济特点、不同市场需求和不同应用场景,打出了一套推动农村支付普惠的"组合拳",取得了突出效果。统一梳理、编印全国各地深化农村支付服务环境建设的典型成功案例,既是对前期工作做法和成效的系统回顾,能够直观生动地总结经验、交流思想、启迪智慧,也对未来全国各地持续深化农村支付服务环境建设工作具有重要的借鉴和指导意义。

2018年,在改革开放40周年之际,人民银行面向各地区、各机构广泛征集了深化农村支付服务环境建设的52个典型做法和成功案例,并从改善"三农"金融服务水平、推动农村地区实体经济发展、助力乡村振兴和脱贫攻坚的工作发展脉络出发,按照"基于业务应用、突出产品特点、兼顾东中西地区差异、覆盖主要市场机构"的思路,将相关案例归纳总结为3

大类、12 种模式。52 个典型案例代表性强，真实、典型、生动，是人民银行十多年来深化农村支付服务环境建设成效的直观反映，为人民银行分支机构、银行业金融机构、清算组织、支付机构等各类主体提供了未来进一步深化农村支付服务环境建设的重要指导。

"东方欲晓，莫道君行早。踏遍青山人未老，风景这边独好。"面对更加美好的未来，人民银行将继续以"服务三农"为己任，砥砺奋进，持续深化农村支付服务环境建设，进一步助推农村金融繁荣，推动农村民生改善，促进农村经济发展。

中国人民银行党委委员、副行长
2018 年 12 月

目 录

专题一 专项业务工作类 …………………………………… 1

模式1 支付与特色产业融合模式 …………………………… 1
案例1 陕西蓝田支付与全域旅游融合 ………………… 2
案例2 重庆以"山城通"为依托深化旅游支付服务…… 4
案例3 内蒙古通辽农村支付与畜牧产业融合对接……… 6
案例4 江苏实现支付助力粮食收购 …………………… 8
案例5 新疆推动非现金支付多场景应用 ……………… 11
案例6 吉林开发"联银快付"依托新型移动跨行支付产品助力农产品收购非现金化 ………………… 13
案例7 黑龙江齐齐哈尔打造农村支付环境建设"4+4"模式 ……………………………………………… 16
案例8 浙江长兴县创新试点"智慧支付+医疗服务"……………………………………………………… 18
案例9 辽宁阜新推行医疗救助商务卡便利就医结算 … 21
案例10 江苏省东台市探索推广社保支付电子化服务……………………………………………………… 23

案例 11	广东肇庆开发"村财通"运营平台 …………	25
案例 12	浙江宁波宁海县全面推广村级财务网银支付 …………………………………………	28
案例 13	深圳组织支付机构以农村特色产品推广为抓手改善农村支付环境 ……………	30
模式 2	助农取款服务站点"全覆盖""村村通"模式 …	31
案例 14	昆明中支推动助农取款服务进边远山区填补金融空白 ……………………………	32
案例 15	西藏林芝建设金融综合服务站为边远牧区提供多样化金融服务 ……………………	34
案例 16	太原中支协调财政 4000 万元奖补资金支持农村支付服务站点建设 ………………	36
案例 17	西宁大通九项措施扎实推进惠农金融服务中心建设 ……………………………	38
案例 18	海南儋州打造"村级金融服务站" …………	40
案例 19	天津打造"金融服务站"有效消除农村金融服务空白 ……………………………	42
模式 3	服务点"线上+线下"统筹发展模式 …………	44
案例 20	山东烟台以"智慧惠农"促线上线下融合发展 …………………………………………	45
案例 21	安徽省农联社以"金农信 e 家"为依托打造五位一体服务点 ………………………	47

模式4　"助农取款服务点＋N"模式 …………………… 49
　案例22　江苏泗洪县"综合服务站＋农村淘宝" …… 50
　案例23　四川甘孜藏区开展"服务点＋益农信息社"
　　　　　服务新模式 …………………………………… 52
　案例24　湖南打造"金湘通"县域普惠金融生态圈 … 54
　案例25　湖北恩施打造"袖珍银行"解决金融匮乏问题
　　　　　 …………………………………………………… 56
　案例26　山西阳城县推出"服务站＋养蚕保险"惠农
　　　　　金融服务新业务 ……………………………… 59
　案例27　广东农信打造"鲜特汇"平台 ……………… 61
　案例28　大连农商行打造"乡村银行" ……………… 63
　案例29　北京农商行打造"乡村便利店" …………… 65
　案例30　宁夏同心县升级服务点实现综合惠农服务 … 66
　案例31　江西东乡县支行打造四大"特色银行" …… 68
　案例32　青岛市中支建设创新便捷普惠型服务点 …… 70
　案例33　浙江农联社打造"丰收驿站"金融便民服务点
　　　　　 …………………………………………………… 72

专题二　机构业务工作类 ………………………………… 74

模式5　"银联惠农服务站"模式 …………………………… 74
　案例34　银联商务开展"惠农服务站"业务 ………… 75

模式6 农业银行"惠农e通"平台模式 …………………… 78
　　案例35 农业银行"互联网金融"为服务"三农"畅通血脉 ……………………………………………… 79
　　案例36 农业银行威海分行创新推动"供销链"综合支付业务 ………………………………………… 81
模式7 建设银行"裕农通"普惠金融服务模式 …………… 83
　　案例37 建设银行推行"裕农通"新一代服务平台 … 84
模式8 清算组织发挥平台优势助力农村支付模式 ……… 86
　　案例38 银联广西分公司打造云闪付示范县镇 ……… 87
　　案例39 银联山东分公司推进移动支付与红色旅游融合发展 ………………………………………………… 89
　　案例40 农信银资金清算中心打造立体式清算服务平台助力农村普惠金融建设 ……………………… 91

专题三　地方特色工作类 ……………………………………… 94

模式9 助农取款服务助力金融扶贫模式 …………………… 94
　　案例41 四川凉山"悬崖村"农村支付为贫困村脱贫致富铺路搭桥 ……………………………………… 95
　　案例42 青海共和县珠玉乡建设生态家庭农场惠农服务中心站 ……………………………………………… 97
　　案例43 西藏"国库—代理银行—农牧户"资金拨付惠民生 ……………………………………………… 99

4

案例 44　陕西铜川打造梁峁上的"背包银行"提供惠农
　　　　　支付服务 ································· 100

案例 45　河北阜平县以助农取款服务助力山区脱贫攻坚
　　　　　 ·· 101

案例 46　贵州黔西南州中支推广贫困地区非现金结算
　　　　　模式 ·· 103

案例 47　兰州中支搭建"电商扶贫"新模式 ············ 105

案例 48　广西河池开展集中连片特困地区支付精准扶贫
　　　　　助力提升农村普惠金融 ························· 107

模式 10　福建宁德环三都澳"海上移动银行"模式 ······ 110

案例 49　宁德打造"海上移动银行"打通海上支付
　　　　　"最后一公里" ··· 111

模式 11　山东潍坊寿光蔬菜物流园非现金结算模式 ······ 113

案例 50　山东寿光打造形成批发市场非现金支付的
　　　　　"寿光模式" ·· 114

模式 12　农村支付服务特色管理模式 ····················· 116

案例 51　济南分行推行服务点分类管理模式 ············ 117

案例 52　太原中支建设"农村支付信息管理系统" ····· 119

附　录 ·· 120

中国人民银行办公厅关于印发农民工银行卡特色服务推广
工作实施方案的通知 ·· 120

中国人民银行关于做好农村地区支付结算工作的指导意见 ……………………………………………………… 130

中国人民银行办公厅关于进一步做好农民工银行卡特色服务工作的通知 …………………………………… 136

中国人民银行关于改善农村地区支付服务环境的指导意见 ……………………………………………………… 144

中国人民银行关于推广银行卡助农取款服务的通知 …… 152

中国人民银行支付结算司关于开展农村地区手机支付试点工作的通知 ……………………………………… 159

中国人民银行关于全面推进深化农村支付服务环境建设的指导意见 ………………………………………… 166

专题一 专项业务工作类

模式 1　支付与特色产业融合模式

（一）模式介绍

为进一步深化支付业务在农村地区的应用广度和深度，贴合"三农"实际推广支付业务，助力农村产业发展，通过政府职能部门业务对接、产业经营主体需求分析、农资生产销售环节梳理、特色产业项目运营模式解析等途径，将卡基支付、网上支付、手机支付、扫码支付等不同类型的支付方式与农产品加工、种植、养殖、旅游、社会保障、公共事业服务、政府内部财务管理体系建设等各类农村特色产业领域对接，形成如自助货款结算、线上/线下数据交互、供应链支付、支付信用、资金链管理等多种业务产品条线，有效提升了农村生产经营的活跃度和资金流转的效率，推动了农村资金流转向"无纸化"方向迈进，进而对提升农村地区财务、生产、经营等整体管理水平形成帮扶效果。该模式适用于对资金结算现代化管理体系构建有一定要求，支付结算方式手段相对于经济活跃度较为落后的农村地区。

（二）典型案例

案例1　陕西蓝田支付与全域旅游融合

陕西蓝田县位于关中平原东南部，具有丰富的旅游资源，全县对外开放的17个旅游景区中A级景区有14个，是陕西省A级景区最多的区县。传统的布放支付受理终端、散而乱的扫码支付等简单的支付服务方式难以满足当地旅游产业的发展要求，西安分行营管部抓住当地政府推广"旅游+"战略和建设"人文山水蓝天，丝路生态慢城"契机，以构建"点、线、圈"和打造"旅游e支付"精品项目两大措施，解决支付服务与旅游产业发展不匹配问题，并有效兼顾了景点间的差异化需求。

❖**具体措施**：一是创建无障碍支付示范点，景区内设立"惠农金融服务站"和安装自动存取款一体机等基础设施，解决游客、当地居民的基础性资金结算需求；二是贯通银行卡闪付公交"线"，推动金融机构与公交公司合作，安装车载POS机，加大金融IC卡发行力度，实现挥卡乘车，加快游客排队上车效率；三是打造多元化支付服务"圈"，在卡基支付、二维码支付、手机闪付等基础上，鼓励金融机构开展支付服务的聚合模式，形成"智慧支付"服务圈，实现景区支付"零"障碍；四是打造"旅游 e 支付"精品项目，以白鹿原景区为试点开展支付服务技术革新，推动金融机构为其研发智慧景区管理系统（该系统涵盖储值卡系统、BMP 商户圈存管理系统、大数据分析管理系统和管理方资金管理系统四大业务系统），实现了银行卡资金圈存、景区一卡通储值消费、POS 消费、闸机通过等多项功能，提升景区智能化、自动化管理水平，同时，配套优化景区内支付服务手段，支持小额免密免签、云闪付、手机 Pay、扫码支付等多样化支付方式需求。

❖ **取得成效**：一是形成支付服务与旅游产业的协同发展效应，蓝田县内传统重点景区均完成"旅游 e 支付"建设，智慧景区占比高达 90%，加速旅游产业链资金流转速率，同时加快了当地支付产品覆盖面，扩大了支付服务效能发挥；二是推进了农村支付环境建设进程，个人银行结算账户普及率和活跃度显著提升，银行卡受理市场全面完善，电子化新型支付工具当地普及率 100%，截至 2018 年 6 月底，蓝田县辖内共有 68 个银行网点，布放 ATM 119 台、POS 机具 1331 台、惠农支付服务点 415 个，支付服务实现了对全县 19 个乡镇的全覆盖。

案例2 重庆以"山城通"为依托深化旅游支付服务

按照习总书记加快建设重庆内陆开放高地、推动经济高质量发展、创造高品质生活的要求,重庆营管部结合市委市政府打造重庆旅游品牌项目的工作要求,针对当地各类景区分布分散且多集中于偏远山区、支付配套设施相对落后等问题,主导推动银联商务重庆分公司开发建设"山城通"APP(乡村旅游服务平台),破解重庆乡村旅游支付困境,进而推动农村支付服务的智能化、高质量、可持续发展。

❖**具体措施**:一是构建"山城通"APP应用下的乡村旅游服务平台,重庆营管部牵头组织重庆市旅游发展改革委员会和银联商务重庆分公司,以行业合作、信息共享、技术统一为原则,联合开发了"山城通"APP,为游客提供景点、酒店、餐饮、住宿、特产一体化智慧旅游信息服务平台,并配套打通银联二维码支付通道,实现农业观光、果蔬采摘、度假养生、农家乐等消费结算服务;二是借助身份证OCR技术实现统一支付网关整合,将银行卡认证、人脸识别、公安认证等多种验证方式整合于"山城通"一个平台中,生成用户身份识别二维码,实现购票、闸机、消费、住宿、餐饮等一码通用,有效替代传统物理介质的旅游一卡通;三是加大优惠促销力度,营造推广宣传声势,在重庆市政府的统筹安排下,"山城通"登上中国国际智能产业博览会,为参会嘉宾提供"1分钱"优惠旅游、乘大巴、购物消费等多种宣传活动,扩大了"山城通"知名度和影响力;四是加大功能服务多应用场景开发,"山城通"依托移动支付产品为餐厅提供自助扫码点餐、自助开发票、智慧停车,以及周边景区购票、入闸检票等服务,并特别开发国外游客扫码翻译、旅游咨询等信息服务。

❖ **取得成效**:一是乡村旅游便捷、高效、安全的支付服务功能日益显现,促进地方旅游产业蓬勃发展,通过"山城通"实现旅行的前、中、后全流程服务,为游客(用户)提供吃、住、游、购、娱全场景现代化支付服务;二是实施主题数据库建设,构建当地信用体系建设新格局,为政府决策提供数据参考,为景区管理提供全方位管理支撑,为商家提供公开、透明的价格决策,为游客提供政府指导参考价及各类优惠活动等信息辅助服务。截至2018年末,"山城通"累计入驻商户775户,其中景区135户、餐饮325户、酒店243户、特产25户、休闲类农家乐47户;已注册用户3.58万人,累计交易笔数10.77万笔,金额797.86万元。景区售票1496张,金额7531元。

案例3　内蒙古通辽农村支付与畜牧产业融合对接

通辽市素有"黄牛之乡"之称，辖内科左中旗舍伯吐成峰牲畜交易市场是一家集商业、农贸、餐饮为一体，以黄牛交易为主，其他牲畜交易为辅的大型牲畜交易市场，2017年交易量达67.36亿元。巨大的资金流动规模向支付结算服务提出紧迫需求。通辽市中支组织辖内银联商务分公司创新发展"互联网+畜牧"产品，提升支付服务渠道在畜牧产业中的金融服务功能。

❖**具体措施**：一是夯实支付服务基础设施建设，坚持推动银行卡等非现金支付工具的推广和ATM、POS等受理环境建设，不断加大财政直补到账、银行卡小额农贷等延伸性支付产品条线建设，积极争取财政补贴，为每个助农取款服务点补贴500元，快速完成全市行政村服务点全覆盖，全辖支付服务环境显著优化；二是立足区域特色开展非现金支付服务创新，组织推动当地银联商务分公司以"互联网+畜牧"模式，结合当地黄牛交易频繁、资金结算体量大等需求，在全国率先建立"中国黄牛网"，构建网上物流配送、交易信息交流、电子结算等市场交易环节"一站式"服务；三是开发基于终端机具的"福农通"支付产品，在市场内布设"福农通"支付终端，场内牲畜交易双方均可通过服务设备自助完成交易资金的非现金结算,为交易市场提供线上、线下支付结算交易全方位的非现金结算服务。

❖ **取得成效**:以地方特色产业结合方式下的支付服务体系建设逐步成型,线上、线下非现金结算模式不仅成为促进当地黄牛交易的重要支付载体,更为推动当地畜牧交易向现代化交易方式迈进奠定了坚实基础。"中国黄牛网"在全国率先实现网上牲畜交易,肉牛交易突破时间、空间的限制,成为全国功能最全、档次最高、交易量最大的现代化牲畜交易市场,辐射黑龙江、广东、新疆等19个省市,填补了国内牲畜在线交易的空白。2017年,牲畜交易量68.6万头,交易额67.36亿元,网上交易量6.26万头,同比增长51.65%,金额5.01亿元,同比增长51.82%。

案例4 江苏实现支付助力粮食收购

江苏省地处长江中下游,是著名的鱼米之乡。长期以来,受粮食收购时间偏紧、收购场地距银行网点偏远、农村地区支付基础设施覆盖率不高等因素影响,传统的粮食收购多采用现金结算,由于现金量大不便于携带,假币风险较高;尤其在夏粮收购旺季,银行机构现金投放回笼压力很大,加之在县级人民银行撤销发行库的状况下,现金结算压力大和结算成本高等问题十分突出。为解决这一问题,南京分行积极与政府部门、粮食购销总公司、乡镇收购站点进行座谈,掌握粮食收购业务流程、资金结算痛点,进而分析和提出有针对性的解决方案,为粮食购销公司、收购站和粮农提供快捷服务。

❖**具体措施**:一是构建资金快速划转结算通道,资金划转全程以电子支付方式办理,农业发展银行通过人民银行支付系统向粮油收购公司拨付收购资金,粮油收购公司通过网银向粮食收购点划转资金,收购点通过网银将售粮款划给粮农或经纪人;二是形成粮食收购资金封闭运行环境,由农业发展银行为粮油收购公司开立账户,资金从该公司账户起步,到转入粮农在农村商业银行的账户为止,实现封闭式运行;三是发挥助农取款服务点配套支付服务功能,按照"选择服务点规模化、服务点人员知识化、服务点建设标准化、职责细分明晰化"的标准,精心选择助农取款服务点作为线下结算的平台,为粮食收购企业、经纪人、种粮大户提供刷卡、扫码等线下实体支付方式服务;四是精心开展业务功能宣传,通过召开夏粮、秋收收购非现金结算方式推进大会,邀请乡镇政府、粮食购销公司、经纪人、农户参加非现金支付产品宣传推介会,积极调动粮食收购各方使用现代化支付方式的积极性;五是多种支付产品组合推广,在为经纪人、粮农开办银行卡的基础上,同步开通手机银行,帮助其及时收、付和查询售粮款项,不仅为粮食收购过程的信息互动提供渠道,更为线上下单、线下结算等快速化粮食销售打通结算多渠道服务。

❖ **取得成效**:一是打造"指尖银行"优化粮食收购业务,通过将手机银行加载于粮食收购各经营主体中,切实将金融服务装进了企业、农户的口袋中,以随时、随心、随地的形式为粮食种植业提供了移动、高效的现代化金融服务,目前,手机银行已被广泛应用于当地的粮食收购资金结算领域;二是粮食收购中的电子化结算认可度显著提升,通过刷卡支付、手机支付等非现金结算方式的普及应用,实现了资金流转不落地、交易信息公开透明,极大消除了粮农、经纪人和企业的货款结算不及时、假币识别能力低等困扰,获得了政府、粮食购销各方的积极认可和广泛使用；三是资金结算风险显著降低，非现金结算方式的广泛使用，粮农实现了"粮出手、钱到账"，收购资金体内循环，切断了假币流通渠道，不仅降低了现金结算风险，更为金融机构赢得了更多的农村客户资源。以2017年辖内高邮市粮食收购为例，全市主要收购企业及粮油经营公司、经纪人，累计通过高邮农商行结算的自营粮粮食收购资金约3.84亿元，其中通过网银渠道结算资金2.32亿元、交易1.13万笔，通过手机银行渠道结算资金0.51亿元、交易0.32万笔，通过转账电话结算资金0.18亿元、交易0.1万笔，非现金结算金额占自营粮粮食收购资金的78%。累计转入该行农户账户的托市粮粮食收购资金约0.66亿元，非现金结算金额占托市粮粮食收购资金的100%。

案例5　新疆推动非现金支付多场景应用

乌鲁木齐中支以畅通支付渠道、提高结算效率为突破口,推动非现金支付工具在农产品收购、矿区、旅游景区等领域创新应用,满足了不同群体客户多样化支付需求,实现了支付服务基础设施建设严重不足条件下非现金支付工具发展的"弯道超车"。

❖**具体措施**：一是创建"红、绿、白"农副产品非现金结算示范区,推动"基础设施建设+金融流动服务站+助农取款服务"相结合,合理布局金融设施资源,推行营业网点"+流动服务站"、"+转账电话"、"+网银结算"支付模式,提供定制化支付服务;二是创建旅游景区电子支付示范区,打造旅游景区电子支付品牌工程,制作景区配套电子支付地图,实现景区售票厅、游客接待及配套服务移动支付全覆盖,提升游客支付服务体验;三是创建矿区手机支付示范区,在银行网点设立手机支付综合体验区,提高客户使用主动性。向手机支付空白客户实施精准营销,力争实现手机支付业务推广的最大化。指导银行机构开展客户回馈活动,发挥宣传推广导向作用。

❖**取得成效**：一是非现金受理环境不断优化,截至2018年第二季度末,新疆农村地区共设立服务点6119个,布放ATM 5902台、POS机具97279个,较

2014年末分别增长358.01%、40.12%、75.85%；二是支付方式不断丰富，截至2018年第二季度末，使用网上支付等非现金支付工具用户为1382.75万户，较2014年末增长191.56%，有效减少了农村地区现金投放量，遏制了假币及"打白条"现象，降低了农产品收购企业和农村居民的现金存管风险；三是各示范区结算效率明显提高，农副产品交易非现金结算占比达70%以上。旅游示范区支付方式不断丰富，支持两种以上电子支付方式商户占比为86.1%，三种以上为76.8%，实现电子支付服务在景区的全面覆盖。

案例6 吉林开发"联银快付"依托新型移动跨行支付产品助力农产品收购非现金化

吉林省作为传统农业大省，粮食、畜牧、山珍、烟草等农产品收购交易规模大、涉及人口多、非现金结算需求迫切。2010年以前，由于固定支付终端功能单一、仅限本行卡结算，且无法自由移动，无法解决农产品收购经纪人交易地点分散、结算时间随机、交易账户种类复杂等问题。长春中支为破解农产品收购最终环节结算困境，打通支付渠道"最后一公里"，于2014年牵头组织当地银联、收单机构、电信运营商研发新型移动跨行支付产品——"联银快付"，满足农产品收购经纪人一手交钱一手交货的现货交易结算需求。

❖**业务特色**：一是消除支付限制，打破跨行、地域、时间支付限制，适应农产品收购多卡之间、不同地区、7×24小时的随时结算需求；二是支付安全保障系数高，专业化的POS终端独立灌装业务处理模块，能够有效防范木马植入、病毒侵害、程序篡改等风险，且业务信息实时验证，付款方凭密码、收款方凭身份证号后6位，双重校验机制，保障账务处理的准确性和账务信息查询的及时性；三是支付成本显著降低，农产品收购经纪人无需承担设备采购、维护费用，只需较低的押金费即可享受手续费低廉、单日交易不设限额的快捷支付服务。

❖ **具体措施：** 一是试点先行、快速推广，长春中支优先选择吉林、四平、通化等现金投放量较大的地区开展试点，通过大型交易市场和农业经纪人的业务实践，优化产品设计、积累工作经验，成功业务模式快速推广至全省；二是分类指导、统一管理，为丰富产品推广主体，发挥"鲶鱼效应"，引导建行、招商、浦发等银行机构参与农村市场拓展，打破农村支付市场传统依赖涉农金融机构的格局，同时，发挥业务管理委员会机制作用，形成业务规则和分润标准，激发收单机构工作积极性，与电信运营商开展合作定制专属SIM卡协议，有限推荐CDMA网络，解决个别运营商信号不稳定问题；三是严格准入、控制风险，严格执行客户准入标准，联合省农委、农发行以贷款联动方式，发展取得国家认证资格的农业经纪人作为优先客户，并加强业务流程风险防控机制建设，通过业务监测系统形成事前、事中、事后管控机制，将防盗刷、防套现、防伪卡交易作为重点监管方向；四是加强宣传、提高认识，开展"面对面"、"一对一"贴身宣传和培训活动，举办客户体验交流会，赢得客户口碑，借助"口口相传"的舆论力量呈现出"发展一个、带动一批、推动一方"的良好业务发展态势。

❖ **取得成效**：一是实现农产品收购全程非现金结算，"联银快付"项目解决了粮食等大宗农产品交易现金结算的单一金融服务供给问题，实现农产品收购全程无现金，降低了经纪人、农村居民现金携带、收取、保管和使用风险，也减少了现金发行与回笼压力，为社会降低了假币风险和资金盗抢风险，缓解了农产品地区商品流和资金流异步结算症结；二是有利于银行机构开发农村金融市场，一方面"联银快付"项目分流银行机构柜面业务压力，缓解了物流网点资源缺乏矛盾，另一方面"联银快付"为银行机构进入农村市场提供了低成本、见效快的金融产品发展路径，快速扩大发卡数量，形成稳定资金沉淀和手续费收入，进而利用近6个月的收购淡季推销理财产品增加银行中间业务收入；三是促进农村支付环境不断优化，通过"联银快付"终端机具对银行卡助农取款服务点升级，让农村居民享受到"不出村、无风险、高效率"的"一站式"金融服务，有力提升了人民银行支付服务质量和社会公信力、影响力。截至2018年7月末，"联银快付"累计发生业务421.1万笔，金额3316.5亿元，直接降低交易手续费数百万元，惠及100多万农户。

案例7 黑龙江齐齐哈尔打造农村支付环境建设"4+4"模式

黑龙江齐齐哈尔市辖七区九县（市），其中6个国家级贫困县，2个省级贫困县，受自然、经济及交通等因素影响，偏远农村地区享受金融服务便利化程度很低。齐齐哈尔市中支探索农村支付环境建设与民生保障、农村电商、金融扶贫等深度对接，形成了"4+4"支付服务新模式，农村支付服务水平显著提升。

❖**具体措施**：一是统筹"普惠制+经济发展"，以普惠建设为目标，结合当地经济发展状况，有针对性地制订农村支付环境建设远期规划，改善支付服务环境，刺激农村潜在消费；二是推进"银行卡+民生保障"，指导银行机构与热、电、物业等民生部门深度合作，9县民生代扣代缴签约率达60%以上；三是实施"服务站+农村电商"，推动银行机构升级助农取款服务点为服务站，以农村淘宝等政府项目为载体，推动服务站与农村电商合作，打造支付服务电子村；四是开展"支付端+金融扶贫"，借助现代支付工具，推动开展融资信用卡、流量贷等精准扶贫贷款，实现金融"造血"式扶贫。

❖**取得成效**：一是农村支付服务覆盖面不断扩大，全辖累计布放POS机具2950台、转账电话4754台、

ATM 289 台,开通手机银行 36.07 万户、网上银行 75.53 万户,乡镇银行网点实现支付系统全覆盖,支付体系普惠格局正逐步形成;二是非现金支付工具保有量持续增长,人均持卡量 3.37 张,智能终端设备村级覆盖率达到 100%,全市移动支付用户达 390 万户,交易业务笔数 32.1 亿笔、116 亿元。三是金融精准扶贫成效显著,为全辖 8.1 万户贫困户全部建立金融服务档案,开辟"产业扶贫"和"精准扶贫"双车道,累计发放扶贫贷款 17.1 亿元,惠及贫困户约 2.6 万户。

案例8　浙江长兴县创新试点"智慧支付+医疗服务"

2018年5月,浙江省人民政府办公厅印发《浙江省医疗卫生服务领域深化"最多跑一次"改革行动方案》,明确将"付费更便捷"列入改进医疗卫生服务目标之中,任务要求"患者可通过自助、诊间、移动终端等途径进行医疗费用结算"。人民银行长兴县支行积极响应、大胆创新,充分依托银联基础设施,陆续开通"银医通"、"信用医疗"、"诊间结算"等项目,实现了让"付费更便捷"的目标。

❖**业务特色**:一是首创"信用医疗"支付模式,人民银行长兴县支行牵头组织县卫计委、社保局,创新推出"信用医疗"支付模式,患者凭身份证及社保卡办理"信用医疗"签约后,可通过自助机直接取号就诊,就诊结算与医保费用账户关联,自费项目低于100元无需付款,事后由签约银行账户自动扣收,实现就诊过程"零结算",缴费"一次不用跑"的就医模式,属于全国首创;二是全省率先实现移动支付诊间结算,患者就诊可通过"云闪付"中的付款码实时结算,实现"边就诊、边结算",免去长时间排队付款烦恼,提高就医效率,并实现在"云闪付"中完成在线挂号、专家预约、在线缴费、查询报告单、排号候诊等全流程服务;三是自助设备"一站式"结算,在人民银行长兴县支行的大力宣传和推动下，长兴县人民医院、中医院、妇幼保健院、第三人民医院、骨科医院、红星桥镇卫生院等多家医院均安装了自助支付服务设备，居民可凭身份证、医保卡在自助服务设备上实现门诊挂号、预约挂号、住院自助建档等，就诊结束后可通过自助服务终端或缴费窗口 POS 机选用刷卡、扫码等方式进行结算。

❖**具体措施**：一是优化流程实现多种方式结算，组织推动收单机构依托现有技术条件，充分优化看病就医结算流程，创新提出解决方案，打造"银医通"、"信用医疗"、"诊间结算"等项目，患者可根据自己的消费选择适宜的结算方式，构建医院、患者、银行三方和谐的资金结算环境；二是严守底线保障患者合法权益，为把便民工程做彻底、做扎实，在创新开发各项业务产品时，督导各收单机构严守信息不泄露底线，从系统处理机制上、业务操作上、制度规定上加强对个人信息保护，并确保每一笔交易可监控、可查询、可追溯，保障医疗资金和个人账户的安全；三是全面引导提升服务覆盖面，组织各银行机构通过现场设点、发放宣传资料和工作人员现场指导等方式，帮助就医群众下载"云闪付"和办理银行签约，方便患者办理开通各项业务功能。

❖**取得成效**：一是大幅缩短缴费时间，提升就医便利性，据统计，随着"智慧支付+医疗服务"项目全面上线，每年将让近百万人次的患者结算环节时间缩短50%以上，整个流程实现无纸化；二是构建新的就医模式，打造智慧金融服务样板，"智慧支付+医疗服务"模式经验不仅向其他地区的医疗机构进行打包推广，更为向校园、社区等其他民生领域提供了可复制、可借鉴的思想启发和应用支持。

案例9 辽宁阜新推行医疗救助商务卡便利就医结算

针对家庭困难或遭遇大病的农户，筹资困难、高息借贷看病进而导致因病返贫的情况，阜新市中支会同当地农行推出了通过为定点医院办理医疗救助商务卡方式介入参合农村居民医疗费用报销的举措，助力金融精准扶贫。

❖ **具体措施：**一是搭建合作通道。推动医院与农行签订《医疗救助商务卡使用协议》，由农行为医院发放一定额度的商务卡，安装公益性POS机，专门用于为参合农村居民垫付可报销的医疗费用；医院在银行开立专用存款账户，以新农合报销资金直接偿还透支金额。二是创新操作流程。农村居民就医时只需缴纳自筹部分，可报销部分由医院刷商务卡垫付，待就医结束后，由医院与新农合结算，将农村居民可报销费用转入医院医疗救助商务卡账户。三是"政医"签署合作框架协议，确保资金良性循环。新型农村合作医疗管理中心与彰武县人民医院联合签订《关于解决参合农民医疗费用项目合作框架协议》，新农合管理中心及时预测可报销医疗费用，与纳入医疗救助项目建立了"特事特办"流程，单独做卷，单独审批，解决可报销医疗费及时报销问题，保证单位商务卡可透支垫付的资金良性循环。四是拓宽传统贷记卡应用范围，规避信用风险。阜新农行经上级行批准，放宽了商务卡适用范围。制订资金使用约束协议，避免疑似套现交易风险和新农合清算报销不及时可能造成的还款逾期风险。

❖ **取得成效**：一是有效解决农村居民"看病难"问题。医疗救助商务卡推出后，农村居民就医时只需缴纳自筹部分，可报销部分由医院刷商务卡垫付，有效缓解了"有病不敢医、有病不去医"的局面。截至2018年6月30日，已累计为205名参合农村居民垫付就医费用249.75万元。二是各方效益与社会形象提升。医院方面，县医院就诊患者数量增加20%，医院的社会形象得到公认；由于农合报销存在一定的滞后性，尤其是每年新农合报销政策基本在4月以后出台，前4个月的看病费用不能实时报销，对于县内定点医院导致就诊医院将长时间垫付可报销费用，医疗机构资金压力较大。平台设立后，医院每年前4个月减轻资产负担约20.5万元。银行方面，医疗救助商务卡的使用、新农合财政基金账户的营销为银行带来批量收益来源，同时塑造了自身品牌、形成了良好的口碑。

案例10　江苏省东台市探索推广社保支付电子化服务

为更好地配合城乡社会保障体系建设，助推城乡一体化、现代化建设进程，东台市支行与当地人社部门合作，以科技手段为支撑，创新推出"线上+线下"社保支付结算新模式。

❖ **具体措施**：一是打造"15分钟社保支付结算服务圈"，推动东台市农商行与当地人社局联合开发"便民宝"商户自助服务系统，重点选取农村金融综合服务站进行布放，建立村级服务平台，将养老保险、新农合、医疗保险，以及粮食补贴等惠民政策送进千家万户，农村金融综合服务站、乡村社区银行、各类自助设备的行政村覆盖达100%，并以此为依托，推出金融社保一站式服务，将社保服务窗口、银行服务下沉至农村，实现参保登记、缴费、待遇领取、权益查询的"四个不出村"；二是开通农村社保支付结算快通道，为加快社会保障金融IC卡发行速度，不仅为农村居民提供上门办卡、送卡、激活等服务，还重点打通了社会保障资金、财政涉农补贴资金与农户间的现金流对接，实现辖内社会保障"一卡通"，惠农补贴、保障资金快速到账，同时，针对农村居民就医结算路径不畅问题，创新推出"银医通"诊间结算服务，实现银行结算业务系统与医院信息系统的直联和诊间支付结算的"自动化、零排队";三是研发"智慧人社"搭建支付服务新平台,东台农商行与东台市人社局联手开发"智慧人社"APP服务平台,为辖区参保人员提供信息查询、签约代扣、保费缴纳等服务,实现客户"足不出户、掌上自助",同时,将配套开发用户信息管理、缴费查询管理、异地安置申请、社保信息查询、就诊信息查询、退休人员认证、人脸智能识别、医疗服务申请等20多项服务功能,通过将社保卡与"智慧人社"APP用户绑定,可生成个人社保二维码,并以此码实现诊疗、买药等资金结算。

❖**取得成效**:一是形成辖内社会保障资金全线上流动,逐步形成的"15分钟社保支付结算服务圈",促进了各类涉农资金、扶贫补贴资金的快速拨付和经济效益发挥;二是形成了参保人员、社保机构、合作银行的三方共赢,"智慧人社"APP发布以来,本地用户注册量超过2.5万人,全市47家医院、200余个药店、400余家村级卫生所接受并提供刷卡、扫码、网上支付等多样化的资金结算。

案例11 广东肇庆开发"村财通"运营平台

为解决村委会现金收缴各项费用而产生的清点难、对账难、保管难等问题,肇庆市中支深化市场合作、加强金融创新,倾力推出"民生金融"、"普惠金融"、"廉政金融"三大金融概念为一体的"村财通"多功能金融交易管理平台。"村财通"平台借助广东省农信联社粤信通间联POS机技术,通过叠加企业网银、集团网银及短信通业务三大电子银行业务,在村(居)委布放POS机具、配备电脑及开通网络搭建综合性金融平台,整合了包括助农取款、助农转账、助农贷款、便民服务(包括水电费缴交、手机话费充值等)和公共事业缴费等业务功能,同时依托电子化手段,实现农村金融服务的高效便捷和财务管理的安全透明,镇政府、街道办事处等上级部门可通过"村财通"平台对村委账户的收支情况进行实时监督,村民代表亦可通过短信业务及时了解村委财务情况,从而加强农村财务管理。"村财通"项目实现了助农惠农、便捷安全、财务透明、监督到位等目标,打通了普惠金融服务的"最后一公里"。

❖ **具体措施**:一是建立多部门协调机制,肇庆市中支牵头联合市农业局、金融局、农商行、银联等单位,形成工作协调小组,统筹推进"村财通"普及应用工作；二是健全管理体系，制定和完善业务管理办法和业务流程，实行标准化操作管理和全流程监督，加强农村结算账户的审批管理；三是全方位完善电子化支付服务设施建设，当地金融机构不仅为农村居民开通网上银行业务，还为农村财务中心、村委、村民小组提供免费安装POS机具，实现农村居民各项缴费业务全程"无纸化"；四是深化支付服务功能发展，利用"村财通"与"三资"平台对接，优化农村"三资"监管，并积极争取商标专利，以宣传推介会的形式加快"村财通"外围服务能力建设，建立"村财通"代理金融服务中心40个，推出"村财通"服务卡、智能手环和自动折扣消费等多元化服务。

❖ **取得成效**：一是规范农村资金使用发放，推动农村财务管理水平提升，有效防止村委资金挪用、盗抢等风险问题；二是实现农村资金电子化管理，农村服务中心通过网上银行查询平台，即可查询和打印集体账户对账单，对账周期从原先1个月缩短为即时对账，同时，提高了村委资金监督的时效性，通过短信提醒，对异常账户变动可迅速做出反应并开展调查，有效保障村集体资金安全规范运作；三是推进支付服务普惠效能发展，"村财通"产品模式和工作经验，已在佛山市三水区、高明区、江门鹤山市、清远市佛冈县等地区进行复制推广，大大便利了当地农村居民就近办理小额取款、转账汇款、贷款等金融业务，带来了快捷、安全、绿色的支付服务体验，有效发挥了支付服务的普惠金融政策落地的支持作用，并荣获了"2014全国农村金融十大品牌创新产品"称号。截至2018年8月底，广东省共4502个村（居）委会和经济合作社实施了"村财通"财务管理，共发生"村财通"业务20.29万笔，金额6.68亿元。

案例12　浙江宁波宁海县全面推广村级财务网银支付

为更好地推进农村支付环境建设，助力村级资金监管，提升村级财务处理效率，人民银行宁海县支行联合宁海县金融上市办、宁海县农林局及辖内商业银行推广村级财务网银支付模式。

❖**具体措施**：一是立足需求，完善流程。以宁海县长街镇为例，不改变原有财务审批环节，只需为村出纳与代理会计配备网银支付专用U盾，由其通过网上银行操作共同完成授权与转账，免去出纳赴银行柜台办理转账手续环节，实现无纸化、电子化、网络化资金运管，达到资金实时运管和风险动态防控的目的。二是建章立制，务求长效。由"三资"管理服务中心代理会计负责日常支付账户维护与管理。三是政银联动，打开局面。采取先难后易的推进方式。选择代理会计和村出纳相对年龄较大的村作为试点，并根据农村实际情况，采取相应措施，给予代理会计、村出纳一定的经费补助，提高积极性；组织对代理会计、村出纳就网银支付操作开展手把手培训。四是强化助农金融服务，确保村民取现"足不出村"。通过加强助农金融服务点的建设、宣传，让村民知晓通过网银转入的资金在村里的助农金融服务点就能完成取现，足不出村即可享受便利的金融服务。

❖**取得成效**：一是提升了村级财务的处理效率，增强了资金安全性。推行网上支付后，实现了网上划款、实时到账，大大缩短了办事流程和时间。同时，避免了假钞、长短款，以及支票结算中票据遗失等安全隐患。二是增加了透明度，有利于规范村级财务使用。各类补助金、慰问金等，直接划拨到受益人账户中，减少了中间环节，给村民一个明白，还干部一份清白。三是取得了当地政府对推进普惠金融工作的认可。长街镇村级财务应用网银支付模式的成功推广，具有较强的示范作用，为推动普惠金融工作找到了突破口，积累了宝贵实践经验，取得地方政府对推进普惠金融工作的认可。

案例13 深圳组织支付机构以农村特色产品推广为抓手改善农村支付环境

深圳市中支指导顺丰恒通支付有限公司将农村特色支付产品运用到农产品快递运输场景，推动非现金支付在农村地区推广应用。

❖ **具体措施**：一是借助顺丰快递覆盖广、触角深、影响大的优势，推广"顺手付"、"顺手赚"等产品，解决支付结算、理财难的问题。二是组织顺丰恒通推广区域性农村特色产品的线上线下销售，帮助解决产品销售难的问题，为当地农村经济增收创收，为农产品销售提供资金结算服务。

❖ **取得成效**：通过"顺手付"支付运费已经普及到了2515个乡镇县区，目前20%的村淘项目选择使用"顺手付"进行付款交易。依托顺丰速运品牌的影响力、生鲜运输的专业渠道，配合推广华莱士蜜瓜、阳澄湖大闸蟹、余姚杨梅以及奉化水蜜桃等多个区域性农村特色产品项目的销售。通过线上线下联合宣传，帮助当地农村居民拓宽销售渠道。截至2018年6月30日，顺丰恒通累计为农村地区8629名客户提供支付服务，累计交易笔数6039.02万笔，累计支付金额60.53亿元。

模式2　助农取款服务站点"全覆盖""村村通"模式

（一）模式介绍

为解决广大农村地区，尤其是贫困地区、偏远地区、少数民族地区以及残疾人和其他弱势群体中金融服务供给不足问题，收单机构通过在金融服务空白乡镇、村的合作商户服务点布放 POS 机或电话支付终端，向农村居民提供小额取款和余额查询等基础金融服务，实现"足不出村"即可享受基础化支付服务。该模式主要适用于无银行网点或距离银行网点较远的农村地区，以及农村行动不便人群，是解决农村基础支付服务需求的重要方式之一。

(二) 典型案例

案例14 昆明中支推动助农取款服务进边远山区填补金融空白

自2010年以来，昆明中支为解决边远山区、少数民族聚集山区金融服务匮乏、便利化支付服务供给不足问题，组织推动全省开展以惠农支付业务系统平台为依托的农村支付服务环境建设工作，其中，将银行卡助农取款服务点作为改善农村支付服务环境的重要工作，对接精准扶贫，提升支付服务站点普惠金融广度和深度，实现了有需求行政村服务点全覆盖，助力云南乡村振兴，取得明显效果。

❖**具体措施**：一是昆明中支在全国首推"一创两建"（农村金融产品和服务方式创新、农村支付服务环境建设、农村信用体系建设）工作模式，积极争取地方党委、政府支持，形成政府主导、人民银行牵头、金融机构主推的工作格局；二是缜密谋划，形成顶层设计和乡土实际结合的风险防控机制，设立50万元"惠农支付业务风险基金"，对系统账务差错进行统一的资金垫付或补偿；三是全省普惠金融服务站试点加载社保缴费业务功能，着力解决边远地区民生社保缴费的困难。

❖ **创新亮点**：一是借助智能 POS 云端服务，推动金融服务功能加载，实现农户办理税收缴纳、农村医保汇缴、农户征信信息登记、理财产品购买等；二是在全省统一业务模式、统一终端程序、统一终端界面、统一功能设置和统一业务管理；三是选择符合条件的国资商城农村电商为民服务共建普惠金融服务站，为农户提供农产品销售、网络购物一站式服务；四是在全省实现蔗糖、烟草等农副产品非现金收购全覆盖，茶叶、咖啡、坚果等领域非现金收购覆盖面也逐步扩大；五是鼓励村民使用"云闪付"APP、手机银行、扫码支付等新型移动支付方式，享受各类基础便民金融服务，推动现代化支付方式深入村村寨寨。

❖ **取得成效**：普惠金融服务站的建设得到云南省委及省政府的高度认可，云南省委书记陈豪批示"人民银行昆明中心支行此事做得好"。云南省自开通惠农支付业务以来累计实现交易笔数4638.7万笔、金额325.9亿元、查询3896.17万笔，惠农取款、惠农转账交易量排名全国第二。通过不断深化惠农支付服务建设管理，拓展农村金融服务范围和领域，惠农支付服务业务迅猛发展，带动农村地区银行卡受理市场迅猛发展，截至2018年第二季度末，共发放银行卡9370.65万张，人均持卡量2.32张，其中贫困地区人均持卡量2.09张，农村地区共发展特约商户158631户，布放ATM 16074台，布放POS机200756台。

案例15 西藏林芝建设金融综合服务站为边远牧区提供多样化金融服务

林芝市中支积极探索改善农村支付服务环境路径,在金融营业网点空白乡镇开展惠农金融综合服务站建站工作,为农牧民提供以支付结算服务为核心的多样化金融服务。

❖**具体措施**:一是在金融营业网点空白的巴宜区更章民族乡建设"三农"金融服务点,布放存取款一体机、非现金自助服务终端、"智付通"转账电话和助农POS机各一台,当地群众足不出乡就能办理各项金融业务;二是林芝市中支协同农业银行林芝支行率先在全区助农取款服务点开通静态聚合码支付业务,结合助农取款服务点实际情况,制订切实可行的推广实施方案,保障业务试点推广;三是拓宽思路,金融服务开进"高原孤岛"墨脱县乡镇腹地。

❖**创新亮点**:一是与市政府联合下发《林芝市改善农牧区支付服务环境工作实施方案》(林银发〔2016〕70号),成立林芝市改善农牧区支付服务环境工作领导小组,将电力、通信、交通等相关部门负责人纳入领导小组成员,整合各部门资源,合力改善农牧区支付服务环境,推动惠农金融综合服务站建设;二是打造一个以支付服务为核心,囊括多种金融服务的综合惠农金融综合服务站；三是定期开展助农取款业务培训班，以藏汉双语方式为金融服务站讲解相关制度文件，现场演示机具操作，普及操作技能，提升金融服务水平。

❖**取得成效**：截至2018年6月末，林芝辖区助农取款服务点累计发生24.13万笔取款业务，累计交易金额5.28亿元，转账交易6705笔，查询笔数24276笔。实现助农取款服务主体从"单一化"向"多元化"转变。进一步扩大了银行卡在农村地区的受理范围，培育农牧区群众用卡意识，增强其对非现金支付工具的认知，也在一定程度上改变了农牧民群众长期以来对现金的偏好，降低了携带和使用现金带来的风险，有助于引领农牧区群众转变生产生活方式，形成良好的支付习惯，有效促进银行卡等非现金支付工具在农村牧区的普及应用。让广大农村牧区群众知晓助农金融支付知识，让助农支付业务造福农牧区群众，进一步优化农村牧区金融生态环境。

案例16 太原中支协调财政4000万元奖补资金支持农村支付服务站点建设

太原中支为切实解决银行业金融机构农村支付业务投入大、持续深化阻力多、运维管理后劲不足等问题，构建多部门联动机制，以争取获得财政补贴资金为突破口，发挥政府支持和引领作用，推进农村银行卡助农取款服务点提档晋级，不仅实现了银行卡助农取款服务点有条件行政全覆盖，成为每万人拥有服务点最多的省份，而且以全新功能和服务面貌将农村支付服务环境建设工作向纵深化、常态化推进。

❖**具体措施**：一是太原中支积极发挥工作主动性，在摸底调研、成本效益分析、精密计算基础上，以专题报告的形式向省政府、省财政厅提请财政补贴支持政策；二是明确"有标识、有机具、有登记、有宣传、有培训"的"五有"建站标准，以签订《目标责任书》的形式，确定各市中支为建站工作"第一责任人"，强化项目管理和推进力度；三是组织开发了"农村支付信息管理系统"，对每一个服务站的承建机构、商户名称、负责人、地理位置、服务项目、特色业务等信息进行数据化管理；四是大胆开展创新"服务站+社保"、"服务站+电商"和"服务站+扶贫"模式，丰富服务功能。

❖ **取得成效**：一是有效满足了农村居民多样的金融服务需求，截至 2018 年 6 月末，全省农村地区累计开立单位银行结算账户 45.36 万户，个人银行结算账户 9352.11 万户，累计发行银行卡 6880.52 万张，人均持卡量 2.86 张。农村地区共发展特约商户 20.1 万户，布放 ATM、POS 等机具分别为 7841 台、247416 台，其他受理终端 887 台；二是实现了建站机构、农村居民、服务站三方共赢，截至 2018 年 6 月末，全省农村地区共设立农村金融综合服务站 30306 个，覆盖行政村 23228 个；三是实现服务站数据化管理，工作效率显著提高；四是切实提高农村地区支付设施的有效使用率，交易频率逐步增加，城乡资金流动速度加快，实现了非现金支付工具农村广泛普及目标，为卡基支付、电子支付等现代化结算方式的发展奠定了良好基础。

案例17　西宁大通九项措施扎实推进惠农金融服务中心建设

大通县朔北乡代同庄村，现有户数589户，常住人口2800余人，人民银行大通县支行通过实施九项措施，扎实推进惠农金融服务中心建设，将代同庄村由一个金融服务空白村蜕变为设有功能健全的惠农金融服务中心的"明星村"，成为全省服务点建设的示范点。

❖**具体措施**：一是严格准入条件，指导金融机构全面考察商户道德品行、文化素养等基本条件；二是统一形象，配备了验钞机、保险柜、铜牌、流程牌、POS机、门头、专用桌椅、灭火器等基础设施；三是加强对惠农服务点业务技能培训指导；四是鼓励主办行采取多种方法强化宣传；五是开展"民生工程货币化一卡通"工作，实现了户均一卡，努力营造农村用卡氛围；六是免收惠农POS跨行取款业务手续费，极大地调动了他行卡客户办理业务的积极性；七是推动各主办行通过专职维护人员采用包村包片流动服务的方式，加强对惠农金融服务点的日常辅导、检查和定期巡查，并接入中国银联收单服务平台监控系统，对惠农服务点的业务进行实时交易监控及交易统计；八是建立了对惠农商户的激励约束机制，推动大通农商银行推出"惠农POS贷"等业务产品。

❖**创新亮点**：一是将惠农服务中心从原有的单一小额取现功能升级为集取现、查询、转账、消费、缴费、网上银行、手机银行、残损人民币兑换、电子商务、金融知识宣传和金融消费权益保护于一体的综合服务平台；二是与电子商务公司合作，共同搭建农村电子商务平台，创新产品竞争力，全力支持农村电子商务建设。截至2018年8月底，大通县确定的189家电商商户中，110家为已布放的惠农金融服务点。

❖**取得成效**：大通县全面开展惠农金融服务，截至2018年8底，惠农商户已达349户。近三年来累计实现交易量为131.27万笔、交易金额为7.27亿元，免收客户跨行手续费17.26万元，办理残损人民币兑换9659张，金额7.26万元，实现全县365个金融服务点的建设，行政村覆盖率达100%的目标。

案例18　海南儋州打造"村级金融服务站"

海南儋州市中支以省委省政府"百镇千村"、金融扶贫"百日行动"及市委市政府"风情小镇"及"美丽乡村"建设为契机，以满足"三农"金融需求为导向，着力解决辖内边远地区、贫困地区金融服务缺位等问题，让广大农户足不出村即可享受到金融服务。

❖ **具体措施**：一是以点带面，树典型进行示范推广。2017年以儋州市农村信用社为基点，在25个贫困村设立村级金融服务站，并重点建设2个标准示范点（南罗村及力乍村）。2018年总结标准示范点建设经验，重点建设11个"美丽乡村"及7个"风情小镇"金融服务站。二是统一服务站建设标准，对村级金融服务站形象标识进行整体设计，悬挂统一式样标识牌，固定服务场所、时间、人员，让农村居民"看得见，信得过"，提高支付服务归属感。三是推动村级服务站开展手机支付业务。选择年龄较轻、文化素质较高、业务需求旺盛的服务站推广手机支付业务，通过示范引领作用，带动村民自主办理手机支付业务。四是发挥金融服务站宣传阵地作用，帮助农户获悉金融知识，提高金融认知水平，使服务站成为"金融知识的教育站、群众与银行网点的便利站、金融需求的资讯站"。

❖**取得成效**：一是实现村级金融服务站全覆盖，截至目前共设立便民服务点261个（含40个金融服务站），基本解决边远地区及贫困地区金融服务缺位问题。2018年全辖服务点总交易笔数14.80万笔、1.50亿元；二是"南罗金融服务站"示范效果不断显现。该服务站在为农户提供基础支付服务的基础上，为村民发放社保卡、健康卡3800余张；开通手机银行业务206个。

案例19 天津打造"金融服务站"有效消除农村金融服务空白

受农村人口分散、流动性差、金融服务需求相对单一等因素影响,金融机构无法覆盖式地建设物理网点,导致农村金融服务供需之间存在矛盾。农村居民为领取种粮补贴、养老补贴等小额款项,往返几里甚至几十里路程到银行办理的情况时有发生。为有效消除农村金融服务空白,2012年,天津分行推动天津农商银行与村委会签订合作协议,积极打造"金融服务站",取得显著成效。

❖ **具体措施:** 一是推动建立"银行+村委会"模式,依托当地村委,由村委选聘综合素质高、有威望、无违法乱纪行为的村民担任管理员,降低道德风险发生概率;二是强化技术保障,严格配置防火墙、路由器,专机专用,确保数据传输和网络访问安全可靠;三是金融服务站所有金融业务和缴费交易均通过设备实时完成,严禁发生以"打白条"代替交易;四是严控交易参数设置,通过设定交易限额,控制现金交易额度、笔数及总体规模,防范交易风险;五是制定"三铁四器"物防标准,严格落实现场检查、非现场监测,完善风控管理体系。

❖ **取得成效**：一是从根本上解决了农村居民小额取现难、粮补资金兑付难、农副产品交易结算难等民生问题；二是解决了各类金融业务向农村延伸成本高、效益低、管理难等问题；三是有效缓解了网点柜面压力，通过业务分流提升了金融资源的配置效率；四是有效提高和激发农村居民对金融产品的认知度与积极性。截至目前，天津农村地区已建立金融服务站1056家，基本实现了对千人以上村的金融服务的全覆盖。服务站建立以来，累计为4541万人次提供金融服务，累计交易金额达405亿元。

模式3 服务点"线上+线下"统筹发展模式

（一）模式介绍

以"助农取款服务点"、"惠农金融服务室"等物理支付服务站点为基础，结合政府服务项目（如社会保障、政务服务、扶贫项目等）及村委会、供销社、医疗卫生所、电子商务等各场景应用需求，开发适于网上、手机端应用的支付服务载体，满足农村不同用户的刷卡结算、网上支付、手机支付、扫码支付等各类需求，切实将助农取款服务打造成"随时、随地、随身"的支付服务产品。该模式主要适用于经济活跃、通讯网络覆盖率高、智能手机普及率高、电子化结算需求旺盛的地区或行业领域。

（二）典型案例

案例 20 山东烟台以"智慧惠农"促线上线下融合发展

人民银行烟台市中心支行创新工作思路，选择烟台经济技术开发区试点建设"综合支付服务示范区"，以推广"智慧惠农"项目为依托，通过线下布放综合支付服务点和线上推广"惠农 APP"，实现农村地区线上、线下金融服务的一体化。线下通过新建和升级改造，将助农取款服务点打造为综合支付服务点；线上推广各银行机构、非银行支付机构开发的智慧惠农 APP，提供金融理财、融资贷款、基金保险、惠农政策发布、农资销售采购、财政直补等多方位金融服务，真正让农村居民足不出户就能享受全方位的综合金融服务。

❖**具体措施**：一是经过反复调研和深入讨论，明确建设"综合支付服务示范区"的意义、思路、内容、预期目标；二是人民银行烟台市中心支行与开发区政府签署了《推动金融创新发展战略合作协议》，试点打造以"智慧惠农"项目为代表的"综合支付服务示范区"；三是加快农村支付产品体系更新升级，陆续推出"惠农 e 通"、"智 e 购"、"信 e 贷"等农村支付产品，推广上线助农 APP，打造线上和线下于一体的助农服务平台；四是建立目标客户库，农村居民实施精准营销、组合营销，全方位提供金融服务；五是组建服务队，流动服务"三农"客户，农业银行烟台分行与辖区烟台大学等高校签订了《大学生实习基地合作协议》，充分利用大学生业务知识学习快、精力强的优势，组成农村支付专业服务团队，对农村居民和服务点工作人员开展业务培训。

❖ **取得成效**：一是项目示范效应初显，烟台开发区已建设智慧惠农服务点22个，服务点交易笔数1914笔，金额294万元；助农取款笔数460笔，金额23万元；服务点电子机具绑定账户存款余额102万元，点均绑定账户存款余额4.6万元；二是项目实现了多方共赢，丰富了农村居民支付选择和农村金融的可得性，金融机构抓住了农村市场，增加了新的客户群体和利益增长点；三是项目模式打造"政银企合作"范本，为政银企今后在普惠金融领域开展广泛合作提供了可借鉴、可复制的建设推广模式。

案例21　安徽省农联社以"金农信e家"为依托打造五位一体服务点

安徽省农村信用社联合社在人民银行合肥中心支行大力指导下，经过广泛调研，统筹谋划全系统惠农金融服务室建设持续、快速、健康发展，提出了将"金农信e家"打造成集"金融服务、电子商务、电子政务、便民服务、金融扶贫"五位一体的"一站式、多功能、综合性"金融便民服务点的目标。

❖ **具体措施**：一是统一标准、规范建设，确定旗舰型、标准型、简约型三种不同等级；二是因地制宜，合理规划，确定"金农信e家"建设模式；三是省联社多次召开会议研究谋划推进工作；四是坚持开放包容、互利共赢理念，开展跨业跨界，与商务厅、社保厅、主流快递公司、政府等机构开展多样合作，完善服务功能。

❖ **创新亮点**：一是实现了"线上+线下"的完美融合和互联互动；二是搭建农村（社区）电商服务平台，实现工业品进村、农产品进城的双向物流；三是设立全省第一家"金融扶贫服务站"集扶贫政策宣传、扶贫信息采集、扶贫贷款联系等多种功能于一体，还可作为贫困户农产品的销售点，为贫困户提供代销、代购农副产品等服务。

❖ **取得成效**：一是填补了农村金融空白，提供多元化金融服务，截至 2018 年 8 月末，全系统在建和已建成"金农信 e 家"共计 2053 个，其中已建成 1343 个，在建 710 个；二是丰富了农村金融新生态，加大"政、银、民、企"等多方互动，打造社区生活商圈，鼓励发展新型农业生产经营方式，提升农村居民就业创业能力，共同培育共生共荣的农村新金融生态。

模式4 "助农取款服务点+N"模式

(一) 模式介绍

为提升银行卡助农取款服务点的生命力，通过深度挖掘政府部门涉农项目、农业生产、农民生活、经济发展等领域的资金结算需求，以当前"电子商务进农村"、"信息进村入户"、"万村千乡"建设等为背景，以银行卡助农取款服务点为依托，与农业保险、信贷、理财等业务发展紧密结合，通过联合建站、布放银行卡受理终端、提供线上资金结算渠道、协同构建运营平台等方式，为农村地区的政府部门、电商企业、保险公司、种养殖大户、农户等群体提供助农取款、转账汇款、消费、代缴费等资金结算服务，以及电子贸易、农业信息发布、专业培训、保险缴纳/理赔、信用评价、授信支持等多样化、综合性服务。此模式实现"一站式"、"多应用"的农村支付发展格局，也有利于银行卡助农取款服务点可持续发展。该模式主要适用于需要直接面向农村居民，以"面对面"方式提供政策帮扶、资金支持、技术指导、专业服务的业务领域。

（二）典型案例

案例 22　江苏泗洪县"综合服务站+农村淘宝"

江苏泗洪县位于长三角经济区和江苏沿海经济带交叉辐射区域，具备水资源丰富、水产品优质的天然优势，然而，农户、经营主体找不到便捷、高效的购销渠道，面临着"好产品缺销路"的困境，为"农村淘宝"便民服务站在泗洪县的快速发展提供了现实需求。2018年人民银行泗洪县支行在实现农村金融服务站无银行网点行政村全覆盖的基础上，积极发展"互联网+农村"经济发展，将农村金融服务站嵌入农村淘宝中，打造"农村淘宝+综合服务站"便民站点，为农户日常网络购销提供强有力地支付结算支撑。

❖**具体措施：**一是融资服务。泗洪县支行积极沟通，争取政府的大力支持，设立了500万元的电子商务发展专项资金。联合县金融办，指导泗洪农商行推出有针对性的信贷产品——"创业小钱包"及"电商贷"。二是服务电商。建设"农村淘宝"便民服务站，通过布放POS机具及配置点钞机，为电商与农户之间的结算提供方便。三是代购支付。农户通过农村淘宝便民服务站代购商品，由店长账号捆绑的"支付宝"先行垫付，农户收到商品且认定满意后，再由农户通过农村金融综合服务站的转账 POS 刷卡/折或使用现金向店长付款。网上销售时，农户通过农村淘宝便民服务站对外销售农副产品。

❖**创新亮点**：一是实现了资金与支付相结合。通过农村淘宝购农资，将资金面与支付面结合，有效降低了生产成本和交易成本，产生了叠加效应。二是培育了移动支付使用习惯。通过使用"农村淘宝＋综合服务站"便民站点，许多商品客户通过手机扫码交易，并领取优惠券、折扣券，为移动支付在农户中的推广奠定了坚实的基础。

❖**取得成效**：一是金融便民、惠民落到了实处。中老年农户大部分不会直接使用移动支付、淘宝购物，且家庭年收入较低，是真正意义上的普惠金融弱势群体，通过综合服务站既降低购物成本，也能使支付更为安全、快捷。二是局部支付服务环境得到明显优化。"农村淘宝＋综合服务站"满足了站点周围农户日常取款、转账、小面额兑换等业务，农户开心购物、放心支付，享受到了互联网的便捷性、金融服务的人性化。截至 2018 年 8 月末，泗洪县有"农村淘宝＋综合服务站"站点 15 家，月均取款、生活缴费合计 1800 余笔。

案例23 四川甘孜藏区开展"服务点+益农信息社"服务新模式

甘孜地区地广人稀，自然环境恶劣，经济发展滞后，20世纪90年代各金融机构纷纷裁撤农村地区的营业网点，除个别经济发达乡镇存在农业银行和信用社网点外，行政村没有任何金融机构的服务点。随着经济发展和各项惠民补贴政策的落地，农村地区资金需求日益旺盛，人民银行甘孜中支积极探索服务"三农"政策项目发展模式，选择金融服务空白的稻城县东义区作为试点，探索"助农取款点+益农信息社"合作模式，发挥各自体系的溢出效应，为当地村民提供有力的支付和金融支持。

❖**具体措施**：一是优化益农信息社选点。益农信息社选点在保证基础设施符合要求和安全规范的前提下，注重与现有助农取款服务站的有机结合，尽可能实现两个平台优势互补。二是改善服务点的网络设施建设。利用益农信息社建设合作方电信运营商的功能和作用，逐步改善选址行政村的网络覆盖度的稳定性。三是整合补助机制，提升商户积极性。服务点代理商户除了能够获取手续费以外，还能得到电信运营商提供的电话充值返点和适当的经济补助，提高了商户的积极性。四是平台整合促进服务点功能拓展。通过电子机具和"银行e管家"APP功能的集合,推广"助农取款服务点+社保IC卡+转账电话或移动POS"的社保代收付新模式,由现金交易的传统方式转变为网络代收付的方式。五是规范服务管理。服务点统一标识牌,建立《惠农通工程台账登记簿》,明确服务点业务范围、收费标准、操作流程、风险提示等内容。

❖ **取得成效**:采取"助农取款点+益农信息社"模式,有效解决了服务点功能单一、商户积极性不足、无效服务点占比较高、基础设施建设滞后等问题。截至2018年7月末,通过"助农取款服务点+益农信息社"创新服务模式的推广,共同助推甘孜藏区支付环境建设,已激活该区域无效服务点6个、发放"惠农e贷"485万元,其中通过服务平台实现转账交易460笔,金额18万元。让涉农企业入网、广大农户触网,有效延伸了金融服务触角。

案例24　湖南打造"金湘通"县域普惠金融生态圈

为开辟农村市场服务新路径,人民银行长沙中心支行牵头组织建行湖南分行与银联、联通、美诺科技达成战略合作协议,在基础通信服务、金融服务、便民公共服务等领域,进行"渠道共享、服务叠加",基于智能POS终端,以"金湘通服务点+金湘通卡"为切入点,为"三农"提供"商户+金融+通讯+物流"多位一体的综合服务。

❖ **具体措施**：一是提供专项费用,加快项目推进。建行湖南分行申请专项费用5000万元,对服务点进行直补,提升服务点业务发展积极性。同时,全省同步开展"金湘通"云闪付、龙支付扫码消费满减活动,提升服务点活跃率。二是整合渠道资源,促进多方共赢。建行湖南分行与合作方共同推进县域乡村渠道建设,建立成本分担制度,为联通编制全面的佣金返回网络,支持联通发展"沃支付"业务。同时,整合农村电商、快递公司、物流公司资源,为"金湘通"商户提供多行业叠加的服务终端,满足综合性服务需求。三是优化产品创新,提升客户体验。建行湖南分行在原有民生水电代缴服务的基础上,逐步加载云闪付、龙支付、善融商务精准扶贫、煤气代缴、社保医保查询等十余项应用,并计划推出"金湘通"快贷、远程改密试点等创新金融服务，进一步提升客户体验。

❖**取得成效**：一是扩大金融基础服务覆盖范围。截至2018年8月31日，建行湖南分行已在全省累计拓展"金湘通"商户1.73万户，覆盖全省1734个乡镇、4992个行政村和44个金融扶贫站，打通了金融服务"最后一公里"。二是实现跨行业应用整合。"金湘通"整合通信、金融、电商、物流等行业应用，打通了涉农机构与农户的结算环节，极大地便利了农村居民生产生活。截至2018年8月31日，全省"金湘通"服务网点累计处理助农取款业务17.09万笔，金额1.70亿元；转账汇款6.85万笔，金额1.55亿元；消费56.80万笔，金额22.78亿元。三是促进业务的可持续发展。多方联合，共同运营服务点，共担服务点成本，降低了运营成本，加大了村民的信赖度。以服务点为依托，各方深挖服务潜力，建行湖南分行依托"金湘通"业务发放小微企业主经营性贷款28.70万元、农户生产经营贷款18.25万元，创造了综合性收益。

案例 25　湖北恩施打造"袖珍银行"解决金融匮乏问题

湖北省恩施州巴东县地处长江三峡腹地，地广人稀、交通不便，是典型的"老、少、边、山、穷、苦"地区，村民需"跋山涉水"到集镇甚至县城，才能办理金融业务。人民银行巴东县支行依托当地政府构建的县、乡（镇）、村三位一体的信息化服务平台，通过与助农取款服务结合，加载信贷咨询、贷前申请、金融宣传、生活缴费等各类金融服务，将支付服务送到群众家门口，最大限度地实现"农村金融服务不出村"。

❖ **具体措施**：一是搭建"政府+人行+银行+服务主体"的多方协作平台，强化对承办银行机构的业务指导，组织村委会、助农取款服务点等服务主体业务培训，与电信、公安、电商、村委会等部门建立部门联系协作机制。二是整合村委会、农村电商、农村综合服务社（农资商店）、新型农业经营主体等支付服务主体资源，突出"袖珍银行"普惠性。创新"袖珍银行"四种发展模式，即"党员群众服务中心+政务服务+金融服务"、"农村综合服务社（农资商店）+供销e家+淘实惠+助农取款"、"新型农业经营主体+扶贫工作站+农村金融综合服务站"、"农村淘宝+农村物流+金融服务"，形成普惠金融与农村电商、精准扶贫及政务、商务服务融合发展的新格局。三是规范考核管理,制定实施"袖珍银行"站点建设工作考核办法。规范激励措施,力促县政府设立专项资金,激发金融服务活力。规范市场管理,及时清退不合规或无效服务点,优化整体布局。规范信息沟通渠道,建立参与各方定期磋商和协调机制,并组建"袖珍银行"公共微信群,对"袖珍"金融业务做到动态跟踪管理。四是建立风险预警机制、风险排查机制、风险监测机制、回访巡查机制和金融宣传长效机制,及时发现和防范风险。

❖**取得成效**:一是发挥了金融普惠效能。通过"袖珍银行",村民获得了取款村里取、费用村里交、补贴村里领、残币村里换、信贷村里办等金融服务。截至2018年6月底,全县"袖珍银行"共发放新农保、粮食直补、低保等惠农资金近亿元;办理取款、转账汇款等业务79万余笔,金额8.31亿余元;办理电费缴纳、话费充值等生活缴费业务6.8万笔,交易额720余万元等。二是支持了"三农"经济发展。"袖珍银行"为村民办理资金调度、贷款结算、付款还息等提供了便捷的服务,促进了农村经营主体的发展。截至2018年上半年,巴东县全辖新型农业经营主体突破6500家,总数较上年增长近1500家。随着电商进山村,"袖珍银行"优化了农村支付结算环境,实现了"产品在村里卖、购物在村里下单、支付在村里结算"。

自2016年起,"袖珍银行"为电商提供交易结算超过200万元。三是提高了精准扶贫工作实效。截至2018年6月末,巴东县已建立"袖珍银行"372个,实现行政村全覆盖;已服务人次近60万,让农村居民群众少跑路1600多万公里,节约路费、人工费等直接办事成本近2800万元。同时,通过"袖珍银行"与精准扶贫无缝对接,支持建档立卡贫困户创业、展业,截至2018年上半年,通过"袖珍银行"站点发放扶贫贷款7200余万元,涉及1400多户贫困户,受益贫困户家庭月均收入增长42.63%。

案例26 山西阳城县推出"服务站+养蚕保险"惠农金融服务新业务

阳城县是"华北蚕桑第一县",蚕农收入占全县总数的1/4,全县12万农户中有2万多农户从事养蚕,蚕茧产量占全市的64%,占全省的54%,占华北地区的1/5。近年来自然灾害、工业污染以及蚕病等不利因素造成蚕农养蚕损失时有发生,给传统蚕桑产业形成发展"瓶颈"。为保障蚕农收入,提高蚕农养蚕积极性,当地人民银行按照"精准扶贫、精准脱贫"要求,积极协调筹划人保财险公司与金融服务站合作,推广政策性养蚕保险下乡,成为金融服务站新增特色业务的亮点之一。

❖**具体措施**:一是多次实地调研,积极推进"银保"合作,将养蚕保险纳入"金融助民"的重要服务内容。二是依托服务站开展蚕农保险政策、业务知识的宣传,引导提高农村居民参保意识和积极性。三是建立蚕农保险登记台账及微信平台,做好信息采集和蚕商政策信息宣导。四是开通保险业务绿色通道,为村民提供涉农保险服务便利。五是提供真假人民币鉴别、大小额人民币兑换、残损币收缴与兑换等金融服务。

❖ **取得成效**：一是"服务站+涉农险"叠加效应凸显,解决了蚕农养殖风险防范问题。二是实现了农村居民、服务站、保险合作"共赢"。三是实现了农村居民足不出村就可领取保险理赔款。四是实现了"金融+电商"助力精准扶贫,与114个电商有机结合,农村电商覆盖率达85%的贫困村,扶贫成效随之凸显。

案例27　广东农信打造"鲜特汇"平台

人民银行广州分行发挥农村信用社扎根农村、点多面广的优势,以农村电商发展为切入点,积极探索全新的互联网普惠金融模式,推出了具有"三农"特色、集多元化功能于一体的综合农贸电商平台——"鲜特汇",构筑"三农"金融服务、电子商务、社交生活的线上线下完整生态圈。

❖**具体措施:**一是扶持"三好一真实"的贫困农户进驻"鲜特汇"平台,利用线上线下联动方式帮助贫困商户打开优质农产品销路,解决产品滞销问题。二是推出农信快捷支付、微信支付以及支付宝等多种聚合支付方式,为广大客户提供移动支付新渠道。三是推出"鲜特汇"互联网缴费平台,实现足不出户的指尖移动缴费,供学校、物业等各行各业免费进驻。四是与物流企业对接,打通"鲜特汇"农村物流"最后一公里",并融合推进网点、助农取款点、便民服务站和鲜特汇驿站转化为"一站式、多功能、综合性"的支农惠农助农工作站。

❖**取得成效:**一是营造了"三农"产业融资、生产、销售、物流、消费的线上线下闭环生态圈,打通产地农户与市场客户间的快速沟通和交易渠道。二是提供了支付、结算、融资等全方位金融服务,丰富了商户收单渠道，推动农村移动支付环境改善，截至2018年8月末，全省共拓展收银台商户数48.06万户，累计交易金额514亿元。三是提升支付缴费便利性，培育农村移动支付市场。截至2018年8月末，共拓展移动缴费商户3928户，成功缴费162.95万笔，缴费金额14.83亿元。

案例28 大连农商行打造"乡村银行"

大连市全域大部分金融网点和支付设施集中于县城和乡镇中心，远离基层村屯，农户支取现金不便，需要往返于县城的银行网点和所在村屯之间，费时费力，又要承担较高的交通费用。大连中支在金州区杏树屯率先启动"乡村银行"建设工作，以助农取款服务点的金融服务为基础，延伸服务触角，强化商户的互动营销，推动大连农商行构建"助农取款服务点+商户+客户经理+金融服务+产品营销"五位一体的"乡村银行"网络模式。

❖**具体措施**：一是网格化管理机制，大连农商行对支付设备进行体系化管理，指定专门客户经理以承包方式针对性负责助农取款服务点，开展走村入户的扫村模式每天记录工作日志，分门别类建立详实的客户信息档案，加强对商户的业务培训、理论培训，形成"1+3+N"管理机制，即1个"乡村银行"、3个客户经理、N个客户的"人口普查"形式的工作对接机制；二是体系化管理要求，大连农商行以助农取款服务点为依托，在满足农户小额取款、转账汇款、消费、查询、代缴费等资金结算服务外，增加客户身份核实、预授信、信贷业务查询、财政直补、社会保障结算服务等多种金融服务，为保证金融服务的安全、及时、准确,将商户管理作为客户经理业绩考核的重要指标,按照对客户分层维护,支行行长与客户经理两层联动,内外结合方式为"乡村银行"编织一张严密的管控体系,提高工作效率和管理精准度;三是产品定制化服务,大连农商行通过农户支付习惯和"乡村银行"细心收集,尝试为客户开展"定制化"产品服务,截至目前,相继开发了"青黄贮贷"、"农业设施物权证贷"、"渔船贷"、"金猪链联贷"等系列贷款产品,强化对特色农业、农业科技创新、农产品市场转型升级等方面的金融支持。

❖ **取得成效**:一是助农取款服务点实现农村地区全覆盖,共建设服务点 1443 家,布放各类支付终端 1443 台,近三年来累计交易 900 余万笔,交易金额 18 亿元,全面消除辖区物理网点无法覆盖的死角,实现农户足不出村即可办理主要金融业务的便利化服务;二是"乡村银行"普惠功能进一步显现,金州区率先开展的"乡村银行"建设,极大满足了农户对于生产生活各方面的结算需求,原先需要乘船、乘车长达 1~1.5 小时路程才能到达金融网点办理业务的现状彻底扭转,岛上居民日常缴纳水电费、话费、社保资金费用缴纳、待遇领取、农户扶贫贷款均可在岛上的"乡村银行"办理,成为当地金融服务"三农"落实国家支农惠农、普惠金融政策的典型代表。

案例29　北京农商行打造"乡村便利店"

营业管理部指导北京农商行发挥首都金融支农服务主力军作用,响应当地政府"农村基本金融服务村村通"战略,推出新型金融服务模式——"乡村便利店",作为物理网点、社区银行和自助银行的有益补充,填补了远郊地区金融服务空白。

❖**具体措施**:一是将"银行与村委会"、"银行与超市"相结合,在偏远农村地区村民活动较集中的地方建立"乡村便利店",为村民提供日常支付服务;二是布设"两套设备",存折(或银行卡)自助终端与网上银行自助体验终端,经初步测算可满足农村地区82%以上的金融服务需求;三是委派"一名辅导员",由村委会指派一名辅导员帮助客户完成业务操作,解答疑难问题,宣传支付知识。

❖**取得成效**:一是有效解决了偏远乡村距离物理网点较远、金融服务获得性体验较差的难题。二是有效解决了为相对落后的农村地区提供支付服务成本收益不匹配、银行社会责任与利润追求相矛盾的问题。三是依托"乡村便利店"开展金融知识宣传,提升当地居民金融基础素养。截至2018年8月,北京农商行已建设"乡村便利店"588家,覆盖怀柔、大兴等10个远郊区县,切实满足了村民金融基础需求,农村地区金融服务水平得到显著提升。

案例 30　宁夏同心县升级服务点实现综合惠农服务

人民银行银川中心支行选取辖内吴忠市同心县作为创建惠农金融综合服务站试点县，先后升级创建了 22 家惠农金融综合服务站。在原有功能的基础上，新增通讯话费缴费、交通罚款缴费和社保缴费等三大类 5 个功能，融合了金融宣传、零币兑换、国债购买预约、电子商务等多元化服务，实现了单一助农取款到"综合性服务柜台"的转变。

❖ **具体措施**：一是拓展"惠农金融+"功能。实施"惠农金融+综合缴费"，拓展通讯话费、交通罚款和社保缴费等三大类 5 个功能；实施"惠农金融+零币兑换"，置入小面额、残损币兑换功能；实施"惠农金融+乡村国债"，建立农村国债购买"购前预约"登记；实施"惠农金融+电子商务"，将宁夏和沐等电商公司嵌入惠农金融综合服务站，为农户提供所需的多种类农副产品、生活用品等代销代购；实施"惠农金融+金融宣传"，编写《农村金融知识宣传资料库》，通过服务点积极向群众宣传普惠金融知识，发放宣传手册等。二是精选服务点，严格操作规范性、严格风险防控。在综合服务站建设过程中，不断完善业主申请、村委会推荐、签约银行考察审批、人民银行备案的工作流程，实现准入环节的标准化管理。

❖**取得成效**：一是单一助农取款服务转型升级到"综合性服务点",业务不断攀升。截至2018年上半年,服务站累计办理取款、消费、转账、查询、代理缴费等业务16.91万笔,金额1613.25万元。其中累计办理代理缴费4.12万笔,交易金额共计426万元。实现国债预约人次41人次,成功购买8笔三年期储蓄国债17万元;现金新钞兑换146.4万元,残损币兑换0.6万元;实现电商营业额35.5万元,通过服务站收发快递物流17562件;金融业务咨询3900多人次。二是打通金融服务、便民服务、物流服务"最后一公里",农村居民"足不出村"就能享受到城乡均等的金融服务,电商业务进入农村嵌入服务点,销售当地土特产、增加农户收入的同时还能享受收寄快递服务,同时实现了农户代理粮食直补、退耕还林补贴、良种补贴、城乡低保、社保缴费等惠农资金的发放和领取,真正实现了"足不出村"的全方位服务。

案例31 江西东乡县支行打造四大"特色银行"

为了打通普惠金融"最后一公里",帮助农村居民充分享受到现代化支付体系带来的便利,东乡县支行集成支付结算、征信、人民币反假、金融消费者权益保护、金融知识宣传等功能,逐步将助农取款服务点打造成为"绿色银行"、"迷你银行"、"移动银行"、"科技银行",搭建农村"五分钟金融服务圈",取得良好社会效益。

❖ **具体措施:** 一是借助助农取款服务点,加载多项非支付金融服务,打造金融综合服务站,提供低成本、无风险金融服务,构筑"绿色银行";二是建立"五统一"模式,打造标准化金融综合服务站,打造村头的"迷你银行",将结算链、资金链、物流链与金融服务链相结合,为企业提供定制化支付服务;三是加强推广移动转账终端,为流动收购的农业经纪人提供方便的结算手段,开展"汽车移动金融"服务,在节假日、赶集日提供非现金"流动"服务,发展"移动银行";四是推动金融IC卡惠民工程建设,为农村居民提供公共缴费、社保、就医等惠民服务,联合社保部门开展"金保工程",引导服务点开展社保资金代收代缴业务,建设"科技银行"。

❖ **取得成效**：一是实现基础金融服务全覆盖，将多元化金融服务推向边远山区，构建了"县支行、乡镇网点、村级综合金融服务站"三级金融服务网络体系，填补了偏远山区金融服务空白。二是实现银行与村民互利共赢，银行机构涉农业务量提升160%，汇款手续费下降超过九成，农村居民满意度不断提升；三是金融服务形式不断丰富，农村地区逐步形成了以综合服务站为支撑，手机银行、汽车移动金融为补充的多元化金融服务体系。截至2018年7月底，全县通过服务点发放财政补贴11.52万笔，金额2.13亿元。

案例32　青岛市中支建设创新便捷普惠型服务点

人民银行青岛市中心支行深入贯彻落实总行普惠金融、金融支持乡村振兴战略等工作部署，以助农取款服务点为依托，突出创新性、便捷性、普惠性，着力打造助农服务新模式，让现代化支付服务成果真正惠及农村地区和广大农村居民。

❖**具体措施：**一是做好跨行联网通用。业务开办之初即坚持联网通用原则，所有受理机具支持跨行交易，农村居民持任意一张"银联"标识的借记卡，均可在服务点办理相关业务。二是注重智慧技术运用。运用信息和通讯技术手段，受理机具支持 4G、WiFi、网线、蓝牙等多种方式接入，不受时间、空间限制，应用场景也更为丰富。三是坚持标准建设应用。建立了涵盖软硬件建设、服务效能、业务量等指标在内的"三类15项"标准化评价体系，动态评定各服务点类别级次，并有针对性地采取差异化管理措施，实现了盘活"无效"、激发"低效"、凸显"高效"的业务发展良性循环。四是推动实施助农取款服务"一站式"、"移动式"、"融合式"服务。服务点配备的部分移动式终端成功应用于农副产品季节性采购及各类批发市场，实现了交易资金实时到账，解决了原先携带现金风险大、结算速度慢等问题，让支付应用场景延伸至"田间地头"。

❖ **取得成效**：一是受众群体广泛。目前全市农村地区拥有助农取款服务点 6820 个，村级行政区覆盖率达到 100%，村均拥有量 1.67 个，日均办理业务 1.95 万笔，金额 2598.89 万元，每年约为全市农村居民节约资金 3880 万元。二是服务成本优惠。按照"促进可持续发展、适度优惠村民"的原则，积极协调银行机构及有关部门降低收费标准或给予补贴，如下调农村 POS 拨号通讯费标准幅度超过 30%，给予助农点代办商户交易量 5% 或者固定金额的补贴，对"惠农卡"持卡人免收小额账户管理费、短信服务费，采取收单行担保方式对助农点商户免收机具押金。三是各方合作共赢。除农村居民受益外，助农点减轻了银行柜台服务压力，单个网点业务替代率已超过 40%，日节约运营成本近 30 万元；同时，因服务点大多设在农村小超市、便利店，商户利用营业沉淀资金为持卡人提供取款等服务，缓解了商户经常往返银行存放资金且受银行营业时间限制的难题及降低了风险。

案例33　浙江农联社打造"丰收驿站"金融便民服务点

浙江省农信联社于2015年创新推出"丰收驿站"金融便民服务点,通过有效整合金融、电商、物流、政务、公益等各类社会资源,为农村、社区提供集小额存取款、缴费充值、代购代售、快递收发、信息咨询等为一体的"一站式、多功能、综合性"金融服务,有效促进城乡金融服务均等化。

❖**具体措施:**一是依托"自营+共建"打造特色化"丰收驿站","自营"型"丰收驿站"主要定位于较大专业市场、产业集聚区、大中型住宅区、特色集镇等区域,为当地群众提供全方位、多功能的金融、电商、物流及便民服务;"共建"型"丰收驿站"主要是结合助农服务点和电商服务点功能,与社区大型超市合作,主要特点为简易型、低成本。二是坚持"线上+线下"完善金融服务。依托"丰收驿站"升级便民自助设备,实现现金汇款、转账、查询及法院案款、非税缴款、电力电信缴费、城乡医保养老等中间业务签约、缴费的线上自助办理;定期派驻客户经理上门服务,以"丰收驿站"为载体,提供知识普及、业务咨询、贷款受理、客户签约等"一站式"线下服务。三是融入"政务+民生"优化便民服务。构筑"丰收驿站"与电商平台、物流平台、社区服务、政务服务等跨业跨界合作模式，创新推出了诸多与农户、社区居民生产、生活相结合的服务和产品。四是强化"管理+考核"提升运营质效。开发管理平台，在各层面实现基础信息维护、各类业务录入与查询、绩效统计等功能，为日常管理提供科技支撑。强化人员管理、操作管理和监督检查等，确保合规经营。

❖**取得成效**：一是深入推进普惠金融发展。通过"丰收驿站"已实现"基础金融不出村，综合金融不出镇"的普惠金融服务格局。截至2018年10月末，全省农信系统共建成"丰收驿站"10226家，共布设机具12040台。2018年以来，实现各类金融业务交易3939.7万笔，交易金额695.8亿元，非金融业务433.6万笔，服务客户2496.3万人次。二是品牌优势日益凸显。各地聚合多重社会资源，积极开展特色业务，打造了一批群众关联度高、影响力大的民生项目，如"丰收驿站+益农信息社"、"丰收联华小店"、"红色店小二"等模式，有效助推补齐"公共服务有效供给的短板"。相关工作获得浙江省委省政府领导多次批示肯定，并在《中国农村金融》、《浙江日报》等众多主流媒体宣传报道。

专题二　机构业务工作类

模式 5　"银联惠农服务站"模式

（一）模式介绍

银联商务公司借助"银联移动支付便民示范县"建设契机，通过升级建设"银联惠农服务站"，实现助农取款、转账汇款、公共事业缴费"一站办理"，并且支持银联手机闪付、扫码支付等创新支付方式，打造"乡村一站式综合金融服务站"，实现"农村金融＋互联网"支付全面升级。此模式重点解决了部分银行卡助农取款服务点功能单一、终端机具老旧、运行维护难度大等问题，通过加载多种支付方式和丰富资金结算服务项目，有效提高了站点机具使用率和支付服务效率。该模式主要适用于经济发展条件较好、银行卡助农取款服务点运行稳定、站点负责人服务意识强和金融知识较为丰富的农村地区。

（二）典型案例

案例34　银联商务开展"惠农服务站"业务

人民银行上海总部组织银联商务股份有限公司积极贯彻落实人民银行总行、银联总公司关于对改善农村支付服务环境、加强移动支付终端普及应用等系列工作要求，自2014年以来，集中公司各方资源，针对农村地区开展市场调研、产品设计和系统优化，分别于2016年、2018年在全国推广建设"银联商务助农金融服务站"和"银联惠农服务站"，业务开展情况良好，社会服务效果明显。银联商务助农金融服务站依托银联商务专属开发的移动终端机具，通过加载多样化的金融服务功能实现对农村居民的支付服务供给，一是便民金融功能，实现现金取款、银行卡余额查询和卡卡转账等功能；二是全民付功能，包含转账、信用卡还款、话费充值、水电煤等公共事业缴费等功能；三是地方公共服务功能，包含交警罚没、福彩销售、保险产品销售、加油卡充值、地方渠道的水电煤缴费、景点门票以及地方特色农产品销售采购等；四是加载"全民惠农"APP，查询相关政策信息，叠加"全民惠农"上已有的便民生活、农村电商、农村金融、附近搜索、物流撮合等服务，丰富服务站终端机具支付手段的受理种类；五是"云闪付"助农功能，在服务站终端机具中添加银联标准"云闪付"功能菜单，将银联移动支付产品中的扫码、特色支付、商户优惠等融入服务站内，并专项升级为"银联惠农服务站"。

❖**具体措施**：一是全力组织开发助农金融自助终端，组织专业技术力量和业务骨干针对农村客户需求，研发助农金融自助终端设备，提高助农金融服务科技含量，将密钥管理、信息保护、终端定位、系统远程控制等管理手段融入机具本身；二是优化服务站运用格局，重点选取乡村小超市、小卖部、连锁店、邮政移动电信网点等作为建站对象，并根据"谁投入、谁受益"和"投入多、受益多"的原则，与发卡行、商户形成责任共担、利润共享的合作共建模式，针对现金取款业务量大的问题，采用"商户垫资、风险承担"原则降低银行 ATM 运营成本，增加商户收入和业务开办积极性。

❖**取得成效**：一是构建服务站点持续运营机制，充分发挥商户的主观能动性，商户全权负责机具运营，分担机具成本，享受金融服务带来的利润分成，激发站点永续经营潜在活力；二是功能叠加实现模块化，具有一定科技含量的助农自助终端可方便地叠加任何渠道的金融服务产品，以开放、可靠的高质量技术满足日益增长的农村金融服务需求;三是普惠效果覆盖面持续扩大,银联商务37家分支机构开展"助农金融自助终端"业务,覆盖全国除台湾地区以外的所有省、自治区、直辖市,截至2018年7月底,规模总量达39478台,助农金融自助终端规模超过1500台的8个省份分别为山东、湖北、河北、安徽、山西、河南、四川、江西,规模总量达22134台,占银联商务公司全辖总量的56.07%。根据7月数据统计,当月完成取款笔数164.8万笔,截至2018年7月底,年累计取款笔数1484.72万笔,日均单台取款笔数接近2笔。2018年下半年对助农金融服务站进行升级改造,建设"银联惠农服务站"。目前山东寿光改造网点5个,四川广元完成60个,广西贵港完成26个,山西寿阳、左权、晋阳、榆社、和顺完成网点改造120个,大大提高了金融服务网点的综合服务能力,有效地提高了服务效率。

模式6 农业银行"惠农e通"平台模式

(一) 模式介绍

农业银行整合"三农"公司业务、网络金融、个人金融、运营管理等部门的金融服务,开发了包括"惠农e商"、"惠农e付"和"惠农e贷"3个子产品在内的"惠农e通"服务平台,围绕农村产供销链条提供支付、融资、电商、理财等综合金融服务。此模式重点解决了产业链条内各环节的资金结算、资金融通、生产信息管理等渠道不畅问题,并将养老保险、涉农补贴发放等农户社会保障、政府奖补等政策融入平台中,提高平台综合化服务水平。该模式主要适用于农村产业链条中上下游各参与主体。

(二) 典型案例

案例35　农业银行"互联网金融"为服务"三农"畅通血脉

农业银行围绕"大三农"、"新三农"、"特色三农"等重点领域，加强顶层设计，推动改革创新，做好农业供给侧结构性改革金融服务，强力推进互联网金融服务"三农"、"一号工程"，研发综合收银台，推出聚合扫码支付在内的多种线上线下支付方式。提供包括新农合、新农保以及水电气等丰富的便民缴费业务。依托"惠农e通"平台，推动24.5万个惠农通服务点实现互联网升级，767个国家级贫困县的17.6万农企农户实现"触网"，有力促进贫困户脱贫增收，为实现农业产业兴旺、农村幸福宜居、农民生活富裕书写新篇章。

❖**具体措施**：一是以"惠农e商"电商金融平台为抓手，通过订单、代购代销和信息撮合等打通"工业品下乡"和"农产品进城"双向信息流、资金流和物流，建立适应县域乡村商贸流通特点的电子商务服务体系，培育发展县域市场的新动能；二是推动由传统终端向"APP+惠农终端"转型，通过"惠农e商"APP的支付功能逐步引导农村居民从刷卡支付向移动支付升级，实施以点带面的市场开拓策略，提升对周边农户、供应链上下游企业的辐射服务能力；三是通过区块链将涉农电子商务、供应链融资、网络支付、企业ERP、农资监管等行内外系统连接，建立了以信任共识为基础的数据共享、流程简化、客户体验良好的业务和产品机理，为"三农"客户提供在线供应链融资服务。

❖ **创新亮点：** "一号工程"创新推出线上线下一体化"三农"金融服务新模式，着力打造贴合涉农产业链商户生产经营活动线上化场景的"惠农e通"平台，构建"惠农e贷"、"惠农e商"、"惠农e付"三大模块，创新拓展网络融资、网络支付结算和电商金融三大核心功能，实现对农企农户提供平台化、标准化、综合化、场景化的金融服务。

❖ **取得成效：** 一是实现了包含"快e付"、终端支付、网银支付、银联跨行支付、微信/支付宝支付等在内的近20种支付方式，全面覆盖手机、电脑、终端等线上线下渠道，满足商户赊销、合并支付、授权支付、货到付款等多种供应链上下游企业支付结算服务需要，带动岑溪市940多个养殖户、410多个门店手拉手上平台，外贸养鸡场全年销量近400万只，进一步扩大经营规模，提高市场份额；二是推出了覆盖全国9省区、13个国家级贫困县的电商"扶贫专区"，直接带动150余种特色商品产地直销，成为唯一一家入围商务部"电商扶贫"项目的银行。"惠农e商"电商平台在全国832个国家级贫困县中，767个贫困县已依托"惠农e商"完成"触网"，覆盖率达92.18%。

| 案例 36 | 农业银行威海分行创新推动"供销链"综合支付业务 |

人民银行威海市中心支行指导农业银行威海分行创新推动"供销链"综合支付业务模式，以农村商品流通领域为切入点，通过互联网金融与服务"三农"的有机结合，降低涉农交易成本，为企业打造"商务+金融"的 O2O 综合服务平台，设计上线"惠农 e 商"、"惠农 e 付"、"惠农 e 贷"三个品牌产品，为农资、日用品等批发商办理供销订货、款项结算、快捷融资等综合金融服务。

❖ **具体措施**：一是利用交易流水数据开展授信，缓解小微商户融资难困境；二是将多个部门的产品和服务最终均聚合设置在农村地区的惠农通综合服务点，一站式解决农村地区小微供销商户收款结算、资金融通和农村居民日常缴费难题；三是将乳山永全糖酒供销商户打造成为区域性标杆服务点，联合举办"惠农 e 商"产品订货会，推动威海地区荣成宝竹肉食、山东红乐食品等 14 家供销链龙头企业上线相关产品；四是重点发挥农业产业化龙头企业和大型批发企业的引导作用，加大"惠农 e 商"对实体经济的渗透力度；五是融合发展助农取款服务点与供销商户，实现多方共赢，破解服务点成本补偿机制缺失难题。

❖ **取得成效**：一是扩大银行机构授信服务范围，满足小微商户融资需求，目前已向 104 家商户发放信用贷款 104 笔、金额 1007 万元，覆盖农资经销商、西洋参收购商、牡蛎收购商等多个农业产业领域；二是拓展助农取款服务点业务功能，提升农村居民的金融服务可得性；三是实现惠农通开卡量和业务量双增长，助推银企农多方共赢，目前设立"银企共建升级版"服务点 166 个，较年初增加 25 个；惠农卡有效客户达到 51 万户，较年初增加 5283 户，形成服务点沉淀存款 2.6 亿元；四是打通供销链条上下游商户信息壁垒，提升订货分销和货款结算速度，截至目前，全市已成功上线核心商户 94 家，上线渠道和终端商户 9048 家，"惠农 e 商"服务商户总量达到 9142 户。

模式 7　建设银行"裕农通"普惠金融服务模式

(一) 模式介绍

建设银行在不具备传统物理网点建设条件的县域乡镇农村、城市郊区等地区，利用第三方机构在县域乡镇农村地区、城市郊区的自有渠道，借助自身智能POS、"裕农通"APP、"建行裕农通"微信公众号三条渠道集成了"裕农通"涉农综合金融服务平台，为周边农村客户提供助农取款、转账汇款、现金汇款、代理缴费、查询、消费结算等普惠金融服务的业务。此模式摆脱了物理服务站点建设的高投入成本压力，以轻便、经济、现代化的服务方式实现原有物理助农服务点的所有功能，并在此基础上根据农户、涉农企业、乡级政府、村委需求加载多种应用模块，提高支付产品在不同场景的适应能力。该模式主要适用于助农服务点承建银行在农村没有物理银行网点、基础工作人员数量不足，以及乡村间距离较远、运营维护耗时耗力的农村地区。

（二）典型案例

案例37　建设银行推行"裕农通"新一代服务平台

建设银行总行通过新一代系统"裕农通"APP、智能POS、"建行裕农通"微信公众号三位结合，构建了"裕农通"服务平台。建设银行上海市分行在不具备传统物理网点建设条件的县域乡镇农村、城市郊区等地区，通过与第三方合作推广"裕农通"普惠金融服务业务，利用其在县域乡镇农村地区、城市郊区的自有渠道，为周边农村客户提供助农取款、转账汇款、现金汇款、代理缴费、查询、消费结算、理财、保险、贵金属等普惠金融服务。

❖**具体措施：**一是拓规模，大力推广"裕农通"服务平台，建立"裕农通"金融服务点及ETS便利宝设备布放；二是抓应用，"裕农通"普惠金融服务点服务范围升级扩大到可办理理财、购买贵金属等；三是打品牌，通过"裕农通"视频、宣传折页、"裕农通"灯箱等大力开展统一宣传，树立建行"裕农通"普惠金融服务品牌效应；四是控风险，"裕农通"系统可自动发起服务点商户线上巡检，风险监测反馈及时，定期下载风险监测报表，对于可疑服务点及时采取暂停或退出处理；五是创场景，创新探索"裕农通+村委"、"裕农通+供销社"、"裕农通+药店"等民生服务新型合作模式,建立"裕农通"普惠金融场景,树立新合作模式标杆。

❖**创新点**:"裕农通"+ETS便利宝,将现金汇款、定期、理财、公用事业费缴费等金融服务送到村口。

❖**取得成效**:浦东邓三村"裕农通"普惠金融服务点和ETS便利宝设备入驻浦东祝桥镇邓三村村委会,办理卡签约、查询、助农取款、现金汇款、定活互转、缴纳公用事业费等业务共计3400多笔,真正解决了村民到镇上办理相关业务耗时费力的问题,大大方便了该村村民的日常生活,丰富了该村"家门口"服务内容。目前,祝桥镇已有10个村委会成功开通了"裕农通",并安装了ETS便利宝。

模式 8　清算组织发挥平台优势助力农村支付模式

(一) 模式介绍

中国银联、农信银资金清算中心等清算组织,依托自身清算系统,结合云闪付、移动便民示范工程等业务应用,主动创新作为,通过为农村金融机构、中小微商户打造多渠道、多品种、多介质、多对象的清算服务平台,将普惠金融和便捷支付向农村地区持续扩展。该模式主要适用于清算组织发挥系统集成及大数据优势,推出创新支付业务,为广大农村金融机构提供安全、可靠、高效的资金清算服务和技术支持服务。

（二）典型案例

案例38　银联广西分公司打造云闪付示范县镇

为贯彻落实移动支付便民示范工程工作部署，人民银行南宁中心支行印发了《2018年广西移动支付便民示范工程实施方案》（南宁银发〔2018〕62号），提出以"局部试点，探索路径"的方式开展农村移动支付试点工作，指导中国银联广西分公司全力打造云闪付示范县镇，深入推动移动支付进乡入户，取得了较好的示范效应。

❖**具体措施**：一是获取地方政府支持，推进云闪付示范县镇建设。在人民银行南宁中心支行的指导下，贵港市中心支行通过推动贵港市市、县区政府发文指导，与乡镇政府积极沟通，取得当地政府部门对移动支付便民示范工程建设工作的积极配合及协同宣传。二是统筹社会资源全方位宣传推广。利用墙体灯杆广告、村委广播、宣传栏、地推营销、民间活动开展用户宣传拓展；组织银行利用银行网点、自身客户短信、微信群、客户联谊等不同形式大力宣传云闪付产品及营销活动。三是围绕百姓生活开展现金优惠活动。如在线下商户开展了一元吃米粉、一分乘车活动、在超市便利店开展用户随机立减活动、收银员红包码推广活动，在线上农产品销售电商平台优惠开展农信利农商城、邮政邮乐购等农村电商平台下单云闪付支付随机立减活动。四是组织开展农村带头人移动支付使用培训。在广西贵港覃塘区举办全国农民手机应用技能专场培训会，向农民推介以"云闪付"为代表的银联手机移动支付使用技巧，帮助农民利用现代信息技术发展生产，便利生活和增收致富，将"云闪付"打造成为新时代新农民的新农具。五是强化考核激励。人民银行贵港市中心支行组织辖区涉农金融机构制定考核激励办法，推动各机构制定奖励办法或绩效考核，推动网点及客户经理的主动营销，全面推广银行业统一移动支付产品云闪付 APP。

❖ **取得成效**：移动支付受理环境覆盖面持续扩大。截至 2018 年 11 月末，贵港市东龙镇云闪付 APP 累计拓展有效用户 3700 多人，示范街区受理云闪付主扫码商户 330 户，乡镇班线公交 7 条线路 23 辆车实现云闪付扫码乘车，16 个行政村助农取款点实现云闪付受理。

专题二 机构业务工作类

案例39 银联山东分公司推进移动支付与红色旅游融合发展

山东沂南县地处沂蒙革命老区,是沂蒙精神的重要发源地,红色旅游发展势头良好,2017年接待国内外游客1400万人次,同比增长21%,但旅游景区80%的POS终端不支持移动支付,移动支付市场供需失衡。中国银联山东分公司抓住沂南县创建全国移动支付示范县的重要机遇,积极与地方政府、人民银行对接,以移动支付环境建设为切入点,精心构建全域旅游宣传阵地,重点突破全域旅游商圈,推动了景区旅游市场的快速发展。

❖**具体措施**:一是依托地方政府主导推进。沂南县政府牵头协调人民银行、银联山东分公司、旅发委等部门建立定期磋商机制,拟定推进方案并定期调度,并免费提供280余块旅游标识牌用于宣传银联云闪付,组织新闻部门拍摄专题宣传片广泛展播。人民银行沂南县支行先后2次召开推进会,4次组织现场巡检,督导收单机构加快移动支付受理环境改造提升。二是以景区移动支付环境建设为切入点。2018年6月,在对旅游景区移动支付需求深入调查摸底后,组织收单机构更新智能终端58部,拓展银联二维码新商户75户,提升了移动支付覆盖率。三是精心构建全域旅游宣传阵地。山东分公司围绕全域旅游规划启动23处便民服务中心、300处惠农服务站，力求网格化覆盖全域旅游的移动支付服务。四是重点突破全域旅游商圈。重点拓展游客消费较为集中的红色旅游、君悦、东方等核心商圈。目前，移动支付产品已全面覆盖246家全域旅游示范商户。

❖**取得成效**：一是增强了游客移动支付意识。通过景区受理网点、合作机构和惠农服务站的全面宣传，提升了游客移动支付和安全支付意识，并拓展了云闪付APP新客户8900户。二是改善了旅游支付受理环境。目前，该县全域旅游覆盖区域POS终端60%以上已经支持移动支付。全域旅游示范商户发展到1250户，同比增速55%，拉升了移动支付覆盖率。三是活跃了旅游消费市场。现已成功创建全域旅游商圈3个，活动期间消费额平均提升10%以上，拉升了全域旅游场景移动支付服务覆盖面与渗透率。

案例40 农信银资金清算中心打造立体式清算服务平台助力农村普惠金融建设

农信银资金清算中心扎根农村支付清算市场，坚持科技引领支付服务创新，依托农信银支付清算系统，为农村金融机构、中小微商户打造多渠道、多品种、多介质、多对象的立体式清算服务平台，将普惠金融和便捷支付向农村地区持续扩展。

❖**具体措施**：一是以"聚合支付"服务平台支持农村金融机构高效清算资金。2017年末，推出集应用机构间互认二维码、支付宝、微信等第三方支付机构的聚合扫码支付业务，为广大农村金融机构提供安全、可靠、高效的资金清算服务和技术支持服务，也为市场需求方提出了"互联互通"的技术解决方案。依托该功能，银行机构可为商户提供聚合扫码收款、自动对账等服务。二是以"农信银快汇业务"连接全国农村地区银行机构，便利跨机构、跨区域支付结算，该业务涵盖全国各地农村信用社、农商银行、村镇银行等小微金融机构，强化了参与机构对外支付清算服务能力，跨行、跨地区资金收付实时到账。三是以"农银通卡"助力京津冀一体化发展。农信银资金清算中心会同京津冀三地农信机构联合发行了"农银通"卡，该卡除具有消费、取现、代收代缴、金融理财等基础金融功能外,免除持卡人开卡、换卡工本费、小额账户管理费,京津冀三地农信银系统内柜面跨行取款、转账手续费,ATM 跨行取款、转账手续费。四是开通支付宝对公账户提现业务,便利农村电商资金回流。为便利农村小微企业提取在支付宝支付账户沉淀的资金,2017 年初,农信银中心开通支付宝对公账户提现业务,即利用农信银支付清算系统将农村小微企业在支付宝支付账户的资金,及时提回其在农村中小金融机构开立的结算账户。湖南省农村信用社作为第一批开通支付宝对公账户提现业务的成员单位,方便了农村电商企业在支付宝账户沉淀的资金快速安全回流到单位银行结算账户中,以便及时购买原材料、支付员工工资等费用。五是开发建设电商平台,助力乡村精准脱贫。利用农村金融机构的物理网点、支付网络资源优势,建设"利农商城"电商平台,充分发挥人流、物流、信息流和资金流有机融合的集群效应,提供便捷的产品买卖、完善的支付服务,拓展消费信贷、供应链融资渠道等服务。截至目前,广西、湖北、山西等共 5 家成员机构应用该商城提供电商服务。

❖ **取得成效**:一是提升了农村金融机构在移动支付市场的竞争力。截至目前,23 个省(区、市)1557 家农村合作法人机构上线应用聚合支付业务,商户总数达 469 万户。以黑龙江牡丹江农信社为例,"聚合支付"服务上线一个月后，全市发展商户12500户，活跃商户7250户，活户率60.23%，月交易量13万笔、金额2300万元，受到越来越多商户和消费者的青睐。二是农村普惠金融覆盖面持续扩大。截至2018年11月末，"农信银快汇业务"入网机构包括36家农信机构、792家村镇银行、1家民营银行，具体机构网点达44738家。"农银通卡"可在三地6000余家银行网点、10000余台ATM机具上使用，实现了京津冀三地居民金融服务的同城化、标准化、一体化。三是广大小微企业主及农户实现精准脱贫。

  2016年以来，广西灵山县联社发挥"利农商城"便捷、高效销售渠道的优势，半个月销售荔枝1990件、10770斤，提高了当地农民脱贫致富的能力。广西国资委授权"利农商城"为广西国有企业扶贫产品线上销售平台，肯定了广西农信社"金融+电商"模式下精准扶贫的先进做法。

专题三 地方特色工作类

模式9 助农取款服务助力金融扶贫模式

（一）模式介绍

通过将助农取款服务与金融扶贫工作融合、将服务点的选址与当地产业经济模式结合、将支付服务设备装入背包送服务上门等方式，发挥助农取款服务在扶贫信息采集、扶贫贷款支取、提供贷款查询、支农助农方面的辐射带动和物理支撑作用，实现各项金融扶贫政策落地。该模式主要适用于贫困地区及中西部及其他交通不便地区推广应用，可以填补贫困地区基础支付服务空白。

(二) 典型案例

案例41 四川凉山"悬崖村"农村支付为贫困村脱贫致富铺路搭桥

四川省凉山州昭觉县"悬崖村"距离中心城市较远,交通设施差,工业和大规模种植业的基础条件差,经济规模总量小,发展滞后。农业银行依托"银讯通"机具率先在悬崖村创建服务点,不断改善农村支付服务环境,实现"基础金融服务不出村"的目标。

❖**具体措施**:一是将民族特色、银行业标准二维码、云闪付APP下载等要素融合一体,制作凉山州辖区统一二维码标识牌布放于"悬崖村"商户,提升"云闪付"在深度贫困地区的知晓度和有效用户数。二是在助农取款服务点加载金融自营电商平台(如农业银行:惠农e商,中国邮政储蓄银行:邮乐购),打造集金融、电商、物流和便民服务于一体的综合服务中心,推动村内优质农产品线上销售,为农户脱贫增收精准助力。三是为解决交通不便带来的农村电商发展瓶颈,创新推出"无人机送邮件"项目,无人机邮路贯通"悬崖村",确保了助农取款服务点现金的及时安全送达;为村民带去最新金融宣传资料;通过联系服务点代理人,既能将村民通过电商平台销售的特产准时送达，又能及时收到采购的生活用品。四是利用条码支付覆盖村内商户，辐射周边村民和游客，不仅免去了游客携带现金的麻烦，提升客户消费体验，还便利商户直接将营业资金归集到账户，防范现金保管风险。

❖ **取得成效**：移动支付等创新金融方式在贫困地区的应用，提高了金融包容性，减少了信息不对称，降低了交易成本，提升了金融服务的渗透度，并带动贫困群众脱贫增收。金融机构积极介入，一方面综合运用产业信贷、扶贫小额贷款等金融扶贫政策给予企业资金支持，另一方面推行务工村民折换卡工作，营造了人人有卡、人人用卡的氛围，提升助农取款服务点交易量。截至 2018 年 8 月，悬崖村上下共有 5 个服务点，从 2016 年服务点创建以来，共发生查询业务 1327 笔，小额取现、转账汇款、现金汇款、代理缴费等业务 1275 笔，交易金额 67.43 万元。

专题三 地方特色工作类

案例42 青海共和县珠玉乡建设生态家庭农场惠农服务中心站

青海省共和县是国家深度贫困县,金融服务长期匮乏。人民银行西宁中心支行立足实际,组织建设了以珠玉乡耐海塔村珠玉生态家庭农场惠农服务中心站为代表的服务点,向当地农牧民普及基础支付服务。

❖**具体措施**:一是加强政策扶持。印发关于服务点星级评定的管理办法,组织收单机构加大资源投入,配齐机具及电脑、打印机、点钞机、保险柜等设备,实施现场考评,将该服务点升级为5星级服务点。二是拓宽金融功能。针对周边农牧民获取金融服务难的情况,在助农取款服务基础上,由收单机构指导服务点增加了残损币兑换、假币鉴别知识宣传和信贷咨询等内容。三是与扶贫相结合。服务点通过自身养殖场、种植场为周边贫困户提供季节性就业岗位,带动贫困户脱贫致富;农村商业银行借助服务点熟悉情况的优势也为农村商业银行向农牧民发放扶贫贷款提供参考。四是扩展电商功能。收单机构与海南州电商运营中心合作,通过服务点帮助周边商户销售土特产,增加农牧民收入。

❖**取得成效**:一是推动农村金融服务均等化。惠农金融服务中心站的建立,使各项惠民补贴能够直接、及时、足额发放到农民手中。截至2018年6月末，该惠农服务中心发放各项补助款笔数约417笔，交易金额约118.9万元。二是以点带面，实现多方共赢。既方便了农民，又实现了商户人流量和业务量的提升，同时也成为主办银行拓展基层偏远地区服务的前沿阵地。三是搭建起了扶贫传送带。辖内政府部门及金融机构依托惠农服务中心站可以及时了解所在地区贫困户生活情况，提高扶贫精准性。2017年1月至今，有关单位和部门通过该惠农服务中心站累计慰问耐海塔村贫困户10户，赠送慰问品5万元。

专题三 地方特色工作类

案例43　西藏"国库—代理银行—农牧户"资金拨付惠民生

一直以来,西藏财政惠农补贴的发放主要是层层下发,最终通过乡镇财政所现金发放的,存在发放环节过多,成本较高、效率较低的情况,也易出现资金占用和挪用现象。为此,人民银行拉萨中心支行积极推动"财政补贴通过银行卡发放——一卡通"制度在全区全面推广。

❖**具体措施**:一是争取政策支持。建立以人民银行为主导,财政、民政等相关政府部门和金融机构组成的领导小组,形成"各有侧重、各负其责、分工协作、齐抓共管"的运行管理机制,推动地方政府设立财政直补"一卡通"工作的配套资金,给农牧民免费配置手机,购置刷卡POS机具,支付短信包月费等。二是坚持由点到面。在日喀则市岗巴县、林芝市巴宜区、阿里地区试点经验的基础上,优选出日喀则市岗巴县的"国库—代理银行—农牧户"三点一线的"一卡通"资金拨付模式开展推广,以点带面最终实现全面推广。三是加强业务管理。按照"村镇管数据、人行管协调、财政管资金、银行管发放"工作分工,实现藏区财政补贴资金及时、准确、安全发放。

❖**取得成效**:藏区24类财政涉农补贴项目的超50亿元资金通过"一卡通"发放,有效惠及近300万农牧民,让藏区人民共享改革发展成果的阳光财政政策。

案例44 陕西铜川打造梁峁上的"背包银行"提供惠农支付服务

人民银行铜川市中心支行为解决宜君县交通不便、地广人稀、老弱病残等留守人员居多，金融服务获得性供给不足等问题，组织当地服务点建设机构开通惠农支付上门服务业务，确保支付服务不缺位。

❖ **具体措施**：按照充分发挥移动网络自助设备优势，惠农支付服务点银行专人负责的工作方式，为农村老弱病残等特殊群体提供上门服务。采取指定专人，配备移动服务终端、小型验钞机、带密码锁和充电功能的背包等基础设备，打造"背包银行"业务模式，为农村居民提供与普通助农取款服务点一致的业务服务，切实保障农村弱势群体享受金融服务的权益。截至目前，宜君县所有惠农支付服务设备均更新为使用移动网络的新型服务终端，实现了县域内所有的惠农支付服务点均可提供惠农支付上门服务。

❖ **取得成效**：经统计，惠农支付上门服务开通以来，宜君县惠农支付上门服务月均交易笔数为330笔、金额4.83万元，而惠农支付服务点的月均交易量（仅门店办理业务）为127笔、金额2.18万元，上门服务业务量高于服务点办理的业务量，惠农支付上门服务得到了当地老百姓的普遍欢迎和认可。

案例45 河北阜平县以助农取款服务助力山区脱贫攻坚

革命老区阜平县地处河北省保定市西部山区，是一个国家级贫困县，山地面积占比88%，山区农户居住分散，国家各类补贴资金发放缺乏有效的绿色通道，农民遭遇存、取现金难等支付问题。农业银行阜平县支行因地制宜，以开展银行卡助农取款服务为切入点，积极推动农村金融服务"最后一公里"建设。

❖**具体措施**：一是着力精细化管理，推进银行卡助农取款服务点规范化建设；优选助农中心服务点，协管辖片内的其他服务点，及时解决金融服务过程中遇到的新问题；成立了惠农通助农取款服务巡检小组，按季对服务点进行走访、巡检，指导业务操作，及时解决实际问题；主动了解服务点工作情况和服务群体的金融需求，对服务点营销的电子机具予以奖励；通过"季有例会培训、半年述职总结、年度表彰奖励"的方式对服务点进行精细化管理并落实奖惩机制。二是持续性跟踪培训，定期对36名中心服务点人员进行业务指导和培训，定期组织服务点人员进行防范电信诈骗等金融知识专题培训。三是创新"助农点＋电商＋贫困户"精准扶贫模式，实现了政府领导的乡村电子商务与助农取款服务点的全面对接。四是推广电子商务平台，及时跟进和回访，解决电商平台运行中存在的业务问题,依托"农银e管家",推进惠农通助农取款工作融合对接,将全部惠农通服务点打造成农村社区金融服务点。

❖ **取得成效**:截至2018年10月,阜平县209个行政村共建立农业银行惠农通助农取款服务点350个,布放电子机具1197台(其中,智付通1084台,POS机113台),累计发放惠农卡18万张,办理取现、转账等支付业务55.8万笔,交易金额110289万元,发放养老金286.6万笔,金额20666万元,实现了服务点行政村覆盖率100%。此外,截至目前,已成功上线上游渠道商户(卖方)17户,下游经销商(终端商户)520户,其中惠农通助农取款服务点350户(服务点上线率100%),线上商品覆盖食品饮料、日用百货、农资、酒类等民生行业。交易笔数已达万笔,交易额2000多万元。

专题三 地方特色工作类

案例46 贵州黔西南州中支推广贫困地区非现金结算模式

黔西南州兴仁县是全国最大的薏仁米生产基地,望谟县是全国深度贫困县之一,两地薏仁米、板栗种植面积广、种植农户多。2016年以前,交易运作模式为"企业+加工户+收购商+农户"、"企业+合作社+农户",农产品收购交易中80%以上为现金结算,存在现金携带保管不便、假币风险等问题。针对农村居民的实际需求,黔西南州中支在兴仁县、望谟县试点农产品收购非现金支付结算模式,并于2018年初在全辖推广,逐步建立了一条"支农、惠农、便农"的支付结算绿色渠道。

❖**具体措施**:一是多方联动,争取地方政府政策支持,指导银行机构建立实施方案,因地制宜完善工作措施;二是试点研发特色产品,在兴仁县向加工户和收购商推出"扶贫商户宝"POS机具,在望谟县向企业和合作社创新推广"创收宝"POS机具,满足资金结算需求;三是强化安全措施,收购资金在试点银行机构—收购商—农户—试点银行机构之间闭环运行,确保收购资金回流试点银行,并在收购淡季将POS机具收回或关闭部分功能;四是建立激励机制,鼓励农副产品收购商户使用非现金支付工具;五是加强宣传引导,营造非现金支付方式的应用氛围。

❖ **取得成效**：一是提高了农户对非现金支付方式的认知度，非现金结算交易量迅速攀升，目前农产品收购交易中非现金结算方式占比已近75%；二是延伸支付服务触角，充分发挥现代化支付工具精准扶贫作用，促进当地经济发展；三是引导银行机构积极建立多渠道支付服务网络，试点工作开展以来，两县累计布放助农POS机21台，设置助农取款点169个，有效改善了非现金支付工具受理环境。

专题三 地方特色工作类

案例47 兰州中支搭建"电商扶贫"新模式

庄浪县属国家扶贫开发工作重点县,是甘肃省23个深度贫困县之一,由于地处偏僻、经济落后、交通不便,金融服务难以进一步延伸,金融服务供给明显不足。县域内独具特色的农副产品有"庄浪苹果"、"庄浪粉条"、"庄浪洋芋"等,当地农副产品交易以现金结算为主。兰州中支围绕贫困地区"买卖难、支付难"等问题,依托"扶贫+支付+农村电商"融合发展模式,推动当地特色农产品网上销售,带动农户脱贫致富,实现了电子商务与农村支付共同发展。

❖**具体措施**:一是将服务点与电商业务相结合,引入网上代购业务返点、政府奖励、收单机构手续费补贴等激励机制,破解服务点单一功能补贴少、积极性低的难题;二是对接电商扶贫产业,与农村电商"乐村淘"平台合作,利用平台资源优势创建"庄浪卧龙红富士苹果"品牌链接,引导服务点负责人进驻农村电商平台,拓展农副产品线上销售、线上结算新渠道;三是开展"移动支付+农村电商"宣传工作,针对不同年龄支付需求差异,创新宣传方式,深入宣传新兴支付工具优势和操作方法,引导当地电商和村民熟练运用支付结算工具,实现"用好手机支付,卖好农副特产"。

❖ **取得成效**：一是"农村电商+助农取款"平台效应逐步显现，为商户和农民提供更加便捷、优质的金融支付服务，移动支付使用率不断提高，降低农村金融服务成本。截至2018年7月末，扶贫村共设立综合服务点3个，发放银行卡5989张，较上年同期增长85.7%。二是非现金受理环境不断改善，移动支付效率不断提高，手机银行和网上银行的用户数量分别达到482户和179户，同比增长387.5%和489.8%。三是服务点与线上销售相结合，解决对口帮扶村农产品销售问题，实现了贫困户稳定脱贫。人民银行帮扶的5个村贫困户共脱贫262户，占比为46%，有效带动贫困户通过增收实现稳定脱贫。

案例 48　广西河池开展集中连片特困地区支付精准扶贫助力提升农村普惠金融

广西河池一直致力于改善石漠化集中连片特困地区的农村支付服务环境，积极推动服务点建设，拓宽非现金支付渠道，丰富农村支付宣传，构建支农、惠农、便农的"绿色支付通道"，不断夯实支付结算在脱贫攻坚中的基础性金融作用。

❖ **具体措施：** 一是积极争取地方政府对农村支付环境建设的支持。河池市中支积极向河池市政府汇报沟通，自 2015 年以来，每年都将"持续改善农村支付服务环境工作"纳入政府金融改革工作要点中，同时在地方政府扶贫开发和旅游工作文件中也有明确。积极争取财政部门对在县域、乡镇和农村新设立的金融机构、自助服务终端和支付服务站点的支持，目前河池市所有县（市、区）已全部出台了相关财政补贴政策。二是大力支持当地脱贫攻坚和特色旅游。深入创建黔桂"四地"金融扶贫连片试验区，先后出台系列政策文件，以试验区为平台，促进广西河池与贵州黔南州、黔东南州相互引进和学习对方先进经验，多渠道开展金融服务合作。河池南丹县与贵州荔波县依托黔桂旅游合作框架，组织金融机构在里湖建立了 3 个农村金融服务站，在小七孔风景沿线建立 2 个金融服务站和20个助农取款点,实现两地旅游业支付服务无缝衔接。在特色旅游景区刘三姐乡下枧河、小龙旅游片区创建农村地区旅游刷卡无障碍示范村,搭建起经济、便捷的支付结算绿色通道。在东巴凤"原生态红色旅游"、宜罗环"刘三姐文化旅游"、南丹"白裤瑶民族旅游"和都大"红水河瑶族大石山旅游"四个特色旅游片区建立支付结算服务旅游发展机制,加强特约商户拓展和服务点建设,支持地方特色旅游快速发展。三是积极拓宽线上支付服务渠道。引导涉农金融机构积极推广手机银行、网上银行、云闪付等线上支付产品。目前,河池市的超市、店铺、城区农贸市场固定摊位等几乎都实现了移动支付交易。同时,以公交行业应用为重点突破口,大力推广金融IC卡刷卡和云闪付支付缴费乘车,并于2018年4月16日举办了河池市智慧公交上线启动仪式。四是开展以"合、讲、谈、巡、唱、传"为模式的宣传活动。联合各银行机构在新闻、报纸等媒体进行宣传;分别进部队和学校开展防范电信网络新型诈骗宣讲,进社区和农村开辟"金融夜校",进景区、企业和政府宣传最新的农村支付政策;深入基层现场答疑解惑;在连片村屯开展金融知识"大篷车"巡回宣讲;将银行卡安全知识编成山歌形式向村民播放,利用《梦·巴马》大型山水实景演出舞台滚动播放农村支付宣传标语。

❖**取得成效**：河池农村地区共建有服务点 2017 个，其中金融综合服务点 147 个，2018 年共为村民办理支付业务万笔、金额万元。金融 IC 卡公交应用实现"县县通"；环江、南丹、天峨、巴马、东兰、凤山、都安和大化等 8 个县 500 多辆公交车开通了银联移动支付，居民可使用银联"云闪付"、手机支付或具有闪付功能的金融 IC 卡乘车，是全国继南京、乌鲁木齐等 7 个城市之后开通的城市。河池市也是广西智慧公交覆盖面最广的地级市，覆盖面达 72.73%。

模式 10　福建宁德环三都澳"海上移动银行"模式

（一）模式介绍

针对海上养殖、收购交易中的现金使用量大、交易地点和时间分散、交通不便的特点，打造"海上移动银行"，应用"手机银行+移动 POS+支付扫码"的方式，使养殖户与其上下游商户之间可以依托手机等移动终端随时随地进行资金结算，解决了金融服务的"最后一公里"问题，便利养殖户资金结算。该模式主要适用于交易资金量大，但无固定交易场所、交易时间分散的支付场景使用。

（二）典型案例

案例49 宁德打造"海上移动银行"打通海上支付"最后一公里"

福建宁德环三都澳区域海水养殖业发达，但因海上交易地点分散，交通不便，现金一度成为养殖户与上游原料商、下游水产商之间的唯一支付方式。为解决海上交易结算难问题，人民银行福州中支组织打造以移动支付业务为主体的"海上移动银行"新模式，推行"海上交易、海上结算"，实现海上交易"钱货两清"的梦想。

❖**具体措施：** 一是引导金融机构优化手机银行功能，渔民只需输入手机号，系统自动显示对方姓名、账号信息，便于直接收付款，解决渔民操作难题；开展代理手机银行取款服务，原料商、养殖户凭汇款人的汇款编码和取款密码到银行签约的手机银行取款代理点即可取款，减少海上渔民奔波之苦。二是组织银行上渔排进海岛走大户，深入商贸集散地、三都澳养殖区等地，专人分片上门推介，现场为渔民和养殖户开通手机银行、布设移动POS机具及收单二维码等，确保营销一户有效一户。邀请当地有话语权的"渔老大"在现场推介上介绍"使用体验"，营造"海上移动银行"易用、好用、实用的舆论氛围。与移动、电信运营商联合搭建营销平台，通过降低资费门槛、客户使用体验等方式提升用户感知度，刺激手机银行用户增长。三是通过组织宣传队深入渔排开展安全支付知识宣传，引导金融机构定期开展现场培训，公布投诉热线电话及时受理客户投诉，要求当地人民银行对海上用户不定期进行回访调查等，提升用户安全支付意识，及时了解新情况、新问题，防范潜在业务风险。四是以全国开展移动支付便民示范工程建设为契机，组织银行机构和支付机构采取"走出去"策略，进入码头、海上便利店、超市，宣传"云闪付"、推广银联二维码，对POS等受理终端升级改造，推动银联移动支付纵深发展。

❖ **取得成效**："海上移动银行"使支付服务直抵海上，大幅提升交易效率，降低商户信用风险，加速资金回笼，同时降低银行人工成本，实现银行与农户双赢。当前，该服务模式已由海上养殖产业拓展到海上旅游、渔茶菇菜果等特色产业的"产供销"领域，移动支付方式由海上向内地辐射，极大地推动了新兴移动支付方式在宁德农村地区的应用。截至2018年上半年，环三都澳地区手机支付用户数222.57万户，2018年上半年手机支付用户数、业务笔数和金额分别是2013年业务发展之初的3.17倍、4.95倍、2.2倍。

模式 11　山东潍坊寿光蔬菜物流园非现金结算模式

（一）模式介绍

通过银行机构与封闭管理的集中式商品批发市场合作发行"联名卡"，布放圈存机实现自助圈存的方式，实现了银行结算账户与园区圈存账户资金间的无缝衔接，既解决了园区资金结算时的"现金搬家"问题，又大大提高了资金结算安全性和效率。该模式主要适用于有固定交易场所和相对固定交易时间，管理相对规范的批发市场类支付场景使用。

（二）典型案例

案例50 山东寿光打造形成批发市场非现金支付的"寿光模式"

寿光农产品物流园是亚洲最大的农产品物流园，蔬菜交易涉及资金量大。以前，菜商要进入物流园进行交易，首先要通过银行卡、网上支付、汇票、电汇将资金划拨到物流园附近的银行专营网点，提取现金后再进入物流园，存入物流园电子结算中心为菜商免费办理的IC卡上，然后菜商持IC卡在物流园内交易，交易方式为IC卡转账，交易完毕，可以凭IC卡提取现金。这种结算方式比较繁琐，物流园内每天有大量的现金进进出出，进行"现金搬家"。

❖ **具体措施**：人民银行济南分行组织农业银行与物流园合作，形成了"联名卡+农产品物流园卡"的改进模式。该模式由农业银行与物流园联合推出应用于蔬菜市场的"联名卡"，卡片一侧用磁条记录客户的银行存款，另一侧用IC芯片记录客户的场内交易情况，"磁条"与"IC芯片"可通过"圈存（提）机"进行资金转换，从而集场内结算和银行卡功能于一体，大大提升了资金结算的安全性和便捷性。

❖**取得成效**：该模式通过应用非现金支付方式和支付工具，彻底改变了大型封闭式批发市场靠"现金搬家"的传统结算模式，为在类似应用场景下推广应用非现金支付工具提供了丰富的实践经验。2018年以来，物流园蔬菜单日交易品种超过200种，蔬菜交易量近3000万公斤，涉及非现金交易资金6000余万元，预计全年可实现非现金交易结算200亿元。

模式 12　农村支付服务特色管理模式

(一) 模式介绍

为提高农村支付服务管理质效，部分人民银行分支机构积极探索，形成了多种优化管理的方式，包括：通过统一服务点管理标准、业务种类、风控要求等，实现服务点设立、管理的标准化；按一定标准将助农取款服务点分为不同种类，分类施策，提高服务点管理的针对性和有效性，逐步提高助农取款服务综合化水平；将信息化手段与农村支付日常管理相结合，通过开发管理系统等方式，提升人民银行分支机构管理效率和金融服务普惠水平等。这些探索对深化本地农村支付环境建设发挥了较好的推动作用。该模式主要适用于人民银行分支机构在开展农村支付服务管理工作中，应因地制宜参考选用。

（二）典型案例

案例51　济南分行推行服务点分类管理模式

近几年，随着"城镇化"深入推进和农村居民的频繁流动，带来了农村地区经济发展的差异化，并形成了不同农村地区的差异化支付需求。这一背景下，对服务点"一刀切"式的管理模式，既不符合业务发展实际，也不利于服务点可持续发展。鉴于此，济南分行试点开展服务点分类管理，结合各地经济发展特点、支付服务需求现状、农村居民构成等因素，对服务点分类施策，促进提升服务点的综合支付服务能力。

❖**具体措施：**一是健全制度。制定《山东省助农取款服务点分类管理工作方案》，确定原则和标准。二是科学分类。将管理规范、功能齐全、业务量大，能够提供多渠道、综合性支付服务，或实现与农村电商融合发展的服务点定为Ⅰ类服务点；将管理相对规范，设备与服务较为完善、业务量较大，能够提供综合化支付服务的服务点定为Ⅱ类服务点；将仅能够提供基本助农取款功能、业务量较小的服务点定为Ⅲ类服务点。服务点分类实行动态调整。三是实施差别化管理。实施普惠服务和综合服务"两条腿"走路。在需求不大的区域以建设Ⅲ类服务点为主，发挥助农支付普惠作用；在需求旺盛区域，组织收单机构订立年度目标计划，推动服务点递进升级，增加Ⅰ类服务点数量。四是强化考核督导。按照因地制宜、分步实施的原则，要求到2020年Ⅰ类服务点数量覆盖全部行政村的40%，同时实行收单机构"包村制"，确保基础支付服务"无空白"，促进助农支付服务水平逐年优化提升。

❖ **取得成效**：人民银行济南分行的上述做法，实现了因地制宜和因需而动发展服务点，在保障普惠的基础上拓展服务范围，增强了服务点的可持续发展能力；差别化管理的实施，既实现监管"聚焦"，又调动收单机构的主动性，促进助农取款服务向综合化服务的升级。

案例 52　太原中支建设"农村支付信息管理系统"

为及时掌握全省服务点动态情况，保障《山西省农村"金融综合服务站"建设验收以奖代补实施方案》（以下简称《方案》）实施，推动服务点全覆盖工程进度，人民银行太原中心支行建设了"农村支付信息管理系统"。

❖**具体措施**：一是精确定位服务点。该系统按照收单机构、商户类型、负责人、具体地址、开通业务类型、是否加载电商等18个要素，全面记录服务点建设运行情况。二是规范编码。该系统对每个服务点进行编码，实现对服务点的全覆盖，便于各信息需求主体使用。三是配合服务点验收、申报及奖补。该系统可输出规定格式的服务点信息报表，覆盖《方案》"五有"标准达标情况，可对服务点进行逐一、逐级审查，作为现场验收的补充依据。四是支持贫困县情况分析。该系统融入了金融支持农村脱贫工作信息，基于系统庞大的数据资源，将贫困县划分为国家、省定两个层级，自动标注服务点所属类型，分类统计贫困县服务点覆盖行政村数量及空白村数量，为人民银行对收单机构实施针对性指导提供了支持。

❖**取得成效**：系统的建设运行，实现了对服务点信息的全面细致采集和分析，为人民银行及时掌握情况、加强对收单机构的管理、有的放矢地采取针对性激励措施发挥了较好支撑作用，有效节约了管理成本。

附 录

中国人民银行办公厅关于印发农民工银行卡特色服务推广工作实施方案的通知

银发〔2006〕163号 2006年7月14日

中国人民银行南京、济南、成都、西安分行,重庆营业管理部,福州、郑州、长沙、南昌、南宁、昆明、贵阳中心支行,各国有商业银行、股份制商业银行,中国银联股份有限公司:

　　为确保农民工银行卡特色服务在贵州、山东、湖南、江苏、福建、江西、重庆、四川、河南、陕西、云南、广西12个省(区、市)的顺利推广,人民银行制定了《农民工银行卡特色服务推广工作实施方案》(见附件,以下简称《实施方案》),现印发给你们,并提出以下要求:

　　一、各单位要按照《实施方案》确定的统一模式,精心组织,密切合作,各负其责,认真实施

　　(一)2006年9月30日前,山东、湖南、江苏、福建、江西、重庆6省(市)要完成农民工银行卡特色服务推广

工作。贵州省在此期间要完成全省推广。

2006年12月31日前,四川、河南、陕西、云南、广西5省(区)要完成农民工银行卡特色服务推广工作。

(二)参与农民工银行卡特色服务推广工作的发卡机构为中国银联所有发卡成员机构,其中,国有商业银行和全国性股份制商业银行要率先开通。参与农民工银行卡特色服务推广工作的受理机构为12个推广省(区、市)的农村信用社。

(三)人民银行分支行要牵头组织各发卡银行、中国银联当地分支机构和省级农村信用社联社成立农民工银行卡特色服务推广工作领导小组,负责推广工作的组织、指导、协调和监督。要制定具体的推广工作计划和实施方案,确定实施步骤,明确职责分工,并报人民银行总行支付结算司和科技司。要组织各参与单位开展业务推广的宣传活动,引导农民工尽快了解和掌握农民工银行卡特色服务的操作规则及安全用卡知识,提高农民工对银行卡的认知度,培养农民工的安全用卡习惯。要对业务开展效果进行跟踪分析,对遇到的新问题、新情况,要及时研究解决。

发卡机构、受理机构和中国银联要分别成立农民工银行卡特色服务推广工作小组,按照各地农民工银行卡特色服务推广工作领导小组制定的推广工作计划和实施方案,做好相关业务和技术准备,确保业务按时开通。

各省(区、市)农村信用社联社,要尽快进行综合业务系统和计费系统的改造。中国银联要全力协助各发卡机构和农村信用社进行系统改造,并提供必要的技术支持和相关业务培训。

二、业务管理及收费

（一）各参与单位要对农民工银行卡特色服务的取现金额进行控制，持卡人每卡每天取现金额累计不得超过人民币5000元。

（二）农村信用社作为农民工银行卡特色业务的受理机构，其业务开通范围应限于县及县以下地区。

（三）农民工银行卡特色服务收费统一按以下标准执行：

1. 对持卡人的收费，按照取款金额的1%收取，最低1元，最高50元。

2. 对持卡人的收费在发卡机构、受理机构和中国银联之间按照3∶6∶1分配。

三、风险控制

各参与单位要加强风险安全管理，通过业务、技术手段提高风险防范能力，为农民工通过农村信用社柜面办理银行卡取款业务提供安全的交易环境，确保农民工资金安全，维护农民工权益；要规范业务操作，严格遵守国家有关账户管理、现金管理、银行卡管理及反洗钱管理的规定，防范欺诈、洗钱等违法犯罪活动的发生。

在农民工银行卡特色服务推广过程中遇有关问题和情况应及时报告人民银行总行。

请人民银行相关分支行将本通知转发至辖区内城市商业银行和农村信用社。

附件

农民工银行卡特色服务推广工作实施方案

为确保农民工银行卡特色服务顺利推广，按照统一模式、先易后难、逐步推广的原则，特制定本方案。

一、推广工作的组织领导

12个推广省（区、市）成立以人民银行分支行主管行长为组长，相关发卡银行分支行、中国银联分公司和省级农村信用社联社分管领导为成员的农民工银行卡特色服务推广工作领导小组，负责推广工作的组织、指导、协调和监督。该领导小组下设业务管理和工程实施两个工作小组。

（一）业务管理工作小组负责业务规划和指导，以及对外宣传等工作。

（二）工程实施工作小组负责工程建设和技术指导。

二、推广工作的阶段安排

农民工银行卡特色服务推广工作应包括以下几个阶段：

（一）准备阶段：未成为中国银联成员机构的农村信用社尽快按要求向中国银联申请入网，中国银联协助其办理入网手续；农村信用社建设完成全省联网的综合业务系统，并按照《银行卡联网联合技术规范V2.0》对相关系统进行改造；各发卡银行总行、分支行对计费系统进行改造；中国银联分公司进行二次清分平台配置、个性化报表改造以及测试,以满足当地清算的要求;各单位做好业务培训准备工作。

(二)测试阶段:各参与单位进行系统测试,联调测试,并根据测试结果对系统进行完善。

(三)试运行阶段:各推广省(区、市)至少确定两家县联社进行试运行,并据此完善系统;各单位完成业务开通前的相关培训和宣传准备工作。

(四)推广阶段:辖区内农民工银行卡特色服务的开通和全面推广,并通过多种渠道展开营销宣传活动。

各推广省(区、市)要在以上阶段安排的基础上,结合本地实际进一步细化,制定详细的实施计划和严格的时间进度表。

三、业务实施方案

农民工银行卡特色服务开通后,农民工在外出打工地银行营业网点办理银联借记卡并存入现金,即可在家乡就近的农村信用社县及县以下营业网点的柜面通过刷卡方式办理取款及查询业务,从而方便农民工异地取款。

(一)业务方式

由中国银联跨行交换网络将发卡机构发卡系统和农村信用社的受理系统实现连接,在农村信用社营业网点柜面受理,通过其综合业务处理系统发起跨行取款和查询交易,经中国银联实现交易转接和清分,通过人民银行大额支付系统或票据交换系统完成资金划拨,利用中国银联统一的差错处理平台实现差错处理。

(二) 业务参与方

1. 中国银联

中国银联主要负责银行卡跨行交易的信息交换并提供相关技术和业务服务。技术服务包括银联信息处理中心系统的正常运行和维护、机构的接入服务、通讯与系统监控等；业务服务包括机构清算、对账和调账、报表处理、差错处理等日常业务服务。

2. 发卡机构

参与农民工银行卡特色服务推广工作的发卡机构为中国银联所有发卡成员机构，其中，国有商业银行和全国性股份制商业银行要率先开通。发卡机构在交易处理中负责接收银联网络转发的本行卡交易信息，并进行相应业务处理。

3. 受理机构

参与农民工银行卡特色服务推广工作的受理机构为12个推广省（区、市）的农村信用社。受理机构通过柜面刷卡，由综合业务处理系统向银联系统转发他行卡交易信息，从而实现柜面取现和查询。农村信用社开通农民工银行卡特色服务的经营范围仅限县及县以下的营业网点。

(三) 交易种类及交易流程

在农民工银行卡特色服务中，涉及的联机交易主要有两种：取款交易和查询交易。

1. 取款交易流程

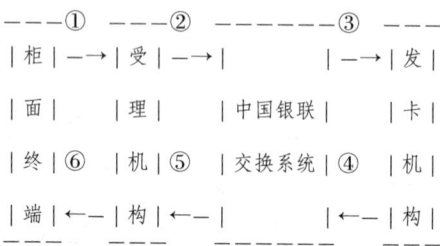

相关处理步骤说明如下：

①持卡人在受理机构网点柜面上通过特色终端发起取款交易，依照特色终端提示输入交易要素（取款金额、卡密码等）。

②受理机构系统收到特色终端上送的取款交易信息，将他行卡交易请求转发至中国银联交换系统。

③中国银联交换系统收到受理机构系统上送的取款交易信息，按卡BIN路由规则，将交易请求转发至发卡机构。

④发卡机构对取款交易信息进行处理，并向中国银联交换系统做出交易应答。

⑤中国银联交换系统收到发卡机构交易应答后，将应答信息转发受理机构。

⑥受理机构系统收到授权应答后，将交易回送特色终端，交易成功后在特色终端打印交易单据，交持卡人签字后，按取款金额付给持卡人，交易完成。

2. 查询交易的基本流程与取款交易的流程相似，差别在柜面特色终端仅显示银行卡余额，不打印交易单据。

（四）资金清算

交易资金清分清算流程图（略）：

1. 中国银联总公司负责完成与受理机构和发卡银行总行（含直接接入中国银联总公司的地方性成员机构）以及中国银联分公司之间的清分、对账流水文件的下发及交易资金的划拨（通过人民银行大额支付系统实现）。

2. 中国银联分公司负责完成当地受理机构和发卡机构（含地方性成员机构）之间的清分、对账流水文件的下发及交易资金的划拨（通过人民银行同城票据交换系统实现）。

（五）差错处理

发卡机构和受理机构通过中国银联统一的差错处理平台提交差错处理。差错交易的清算路径同原始交易的清算路径。

（六）受理方业务开通范围

农村信用社作为农民工银行卡特色业务的受理方，其开通范围应限于县及县以下地区。中国银联和农村信用社要通过业务管理方式对开通范围进行控制。

开展农民工银行卡特色业务的农村信用社，应在业务开通前向中国银联当地分公司报送农民工银行卡特色服务受理网点名称明细表（见表一）；待此业务正式开通后，农村信用社每周向中国银联当地分公司报送各网点受理业务量统计表（见表二），并及时报备新增受理网点。中国银联分公司对农村信用社各网点的受理业务量统计表与农民工特色业务受理网点名称明细表进行核对，如果有超出农民工特色业务受理网点名称明细表中规定的网点发生了此项业务，中国银联分公司经核实后向人民银行当地分支行报告，由人民银行分支行负责处理。

表一　　　　　农村信用社农民工银行卡特色
服务各网点受理业务量统计表

网点代码	网点名称	网点地址

表二　　　　　农村信用社农民工银行卡特色

网点代码	网点名称	业务量（笔）

四、技术实施方案

（一）实施原则

1. 技术实现过程中尽量减少系统改造的工作量。

2. 受理机构柜面受理通过仿 ATM 交易实现，并通过设置特殊标志与普通 ATM 取款、查询交易相区别。

3. 支持不同于普通 ATM 取款、查询交易的手续费分配方式。

（二）网络结构

根据推广地区有无中国银联分公司，成员机构接入中国银联网络方式不同，网络结构分别如下：

1. 有中国银联分公司地区的网络结构

当地成员机构通过中国银联分公司接入银联网络，由中国银联分公司负责交易的转发和清算，中国银联上海信息中心负责交易转接至发卡方。

2. 无中国银联分公司地区的网络结构

当地受理机构直接与中国银联上海信息中心建立通信连接，由中国银联上海信息中心负责交易的转接和清算。

（三）参与机构的系统改造

根据《银行卡联网联合技术规范 V2.0》要求，各参与机构在现有跨行交易报文的基础上进行以下系统改造工作。中国银联配合各机构做好系统改造后的联调测试工作。

二〇〇六年七月十四日

中国人民银行关于做好农村地区支付结算工作的指导意见

银发〔2006〕272号

中国人民银行上海总部,各分行、营业管理部,省会(首府)城市中心支行;各政策性银行、国有商业银行、股份制商业银行:

近年来,我国支付体系建设取得了重大进展。在支付体系建设过程中,人民银行始终把改善农村支付结算环境、提高农村支付结算服务水平放在特别突出的位置,通过一系列政策措施,畅通农村支付结算渠道,在各有关方面的共同努力下,农村地区的支付结算环境有所改善。但是,农村地区支付结算基础设施建设相对滞后、支付结算方式单一、支付结算服务手段陈旧、非现金支付工具应用比重低等问题依然突出。这些问题制约了农村地区资金的有效配置,不利于农业和农村经济的发展,影响我国支付体系的全面建设和发展。

做好农村支付结算工作具有重要意义。提高农村支付结算服务水平,满足农村多层次的支付结算需求,将会加快农村地区资金流转,提高资金使用效益,促进农村经济金融和谐发展；而扩大支付结算服务的覆盖面和影响力，又能够充分发挥支付体系的效用和功能，促进支付体系均衡、全面发展。现就做好农村地区支付结算工作提出如下意见。

一、要深入研究农村支付结算工作的新情况、新问题

人民银行分支机构要加强对辖区内农村支付结算工作的调查研究，努力构建与当地经济金融发展相适应、立足"三农"、服务"三农"、支付工具丰富多样、支付系统先进高效的农村支付服务体系；要跟踪研究相关政策性银行、商业银行和邮政储蓄机构在农村地区的机构设置和经营管理等方面作出的调整、改革对农村支付结算工作的影响，分析和评估农村支付结算服务面临的新形势，为制定农村支付服务政策提供信息支持和决策依据；要研究支付清算系统向县以下农村地区延伸的策略和措施，畅通农村支付清算渠道；要针对辖区经济发展状况、信用发展水平和村民、乡镇企业的支付习惯，尊重农民意愿，有重点地引导和鼓励农村金融机构开发和推广适合农村实际、农民喜欢的支付结算服务品种，真正方便农民的非现金支付；要发挥信用支付工具在推动农村信用评级和信用村、信用户等信用建设中的作用，使支付工具的推广运用与信用文化的建设相互促进、相得益彰。

二、充分发挥农村信用社在农村支付结算服务中的主导作用和其他金融机构的积极作用

农村信用社要发挥其点多面广的优势，依托现代化支

付系统，改进结算方式，完善服务功能，加大科技投入，完善配套设施，逐步构建城乡一体化的支付结算网络，不断提升服务手段和服务能力。农村信用社联社要切实协调解决农村信用社的业务处理系统和网络建设问题，提高业务自动化处理水平。人民银行分支机构的支付结算部门和科技部门对农村信用社支付结算工作要给予更多扶持，主动协助、指导、支持其建设和完善支付清算系统和业务处理系统，加大对农村信用社从业人员的支付结算业务宣传、教育和培训力度，充分发挥农村信用社在农村支付结算服务中的主力军作用。要充分发挥政策性银行、国有商业银行等金融机构为农村地区提供支付结算服务的主动性和积极性，加快构建功能完善、分工合理、有序竞争的多元化农村支付结算服务组织体系。要发挥中国农业发展银行等政策性金融对"三农"经济的支持作用，引导其参与农村支付体系基础设施建设；要结合农村金融改革总体规划，发挥中国农业银行在畅通农村汇路、提升农村支付结算服务水平中所起的作用；要考虑其他国有商业银行在农村地区的机构调整对该地区支付结算工作的影响；要结合邮政储蓄机构的改革，利用邮政储蓄机构在农村和城市网点分布密集、信息化水平较高的优势，发挥其贯通城乡的桥梁纽带作用。

三、加快推进农村地区支付服务基础设施建设，逐步扩展和延伸支付清算网络在农村地区的辐射范围

人民银行分支机构要支持农村金融机构加入同城清算

系统，便利农村金融机构对同城支付结算业务的处理；在按照总行统一部署建设全国统一的票据交换系统的工作中，要充分考虑农村地区的特点，继续推动区域性票据交换中心建设，扩大票据使用和流通范围，广泛吸收农村金融机构加入，增强农村金融机构的结算功能。

人民银行各分支机构要切实贯彻《中国人民银行关于农村信用合作社接入支付系统的指导意见》（银发〔2004〕250号），针对农村信用社多法人制的特点，本着与农村信用社的改革发展相协调、投资成本与效益相匹配、业务发展与风险防控相结合的原则，因地制宜；多渠道、综合解决农村信用社接入大额支付系统的问题，畅通农村信用社汇路；要做好对农村信用社接入大、小额支付系统的组织、指导、协调、管理和实施工作，跟踪指导农村信用社的清算系统建设情况，尽可能创造条件使农村信用社及时、方便接入大、小额支付系统，使广大农村金融机构尽快得到安全、高效、多层次、低成本的现代化支付清算服务。

农村信用社资金清算组织要坚持市场化原则，通过平等竞争，吸引广大农村信用社和其他中小金融机构参与资金清算，要在畅通农村支付清算渠道、提高农村地区资金清算效率，改善农村支付结算环境方面发挥应有的作用。

四、大力推广非现金支付工具，减少农村地区现金使用

人民银行分支机构要组织和协调当地金融机构，加大非现金支付工具在农村的推广力度，培养农民非现金支付习惯，拓展农村地区的支付结算服务功能，加强产品创新，

降低结算费用。要积极引导农村经济组织、村民自治组织和农户开立银行结算账户,熟悉账户的使用规则,利用账户的结算功能;鼓励利用银行账户发放农村教师工资及政府各项补贴,通过国库系统直接支付发放到户的免收支付系统费用;要指导农村信用社稳步发展银行承兑汇票业务,优先为一些经营状况好的农村信用社承兑或贴现的涉农票据办理再贴现业务,提升农村信用社办理票据业务的能力;要推广发展支票、通存通兑、定期借记、定期贷记等业务,不断丰富农村地区的支付结算品种;要为农村信用社开办银行卡业务提供必要的政策、业务和技术支持,使其充分享受联网通用成果,增强其银行卡业务竞争力;要组织金融机构在贵州省农民工银行卡特色服务试点的基础上,总结经验,完善措施,组织推广农民工银行卡特色服务项目,方便广大外出务工的农民工使用银行卡,为农村劳动力向城镇转移提供金融支持。

人民银行各分支机构和有关金融机构在非现金支付工具的推广过程中,要因地制宜,针对当地经济结构、农村经济发展特点制定不同的推广计划和方案。

五、继续加强和完善支付结算业务的代理制,促进城乡支付结算服务的互补

继续扩大支付结算业务代理制的业务种类,创新支付结算业务代理的内容和形式。农村金融机构办理银行汇票、银行承兑汇票、信用证等业务时,可委托全国性的商业银行代理。对尚不具备条件接入现代化支付系统的农村金融

机构，鼓励其通过全国性的商业银行代理。通过推行代理制，畅通农村金融机构的汇路，提高农村金融机构支付结算服务水平，延伸城市金融机构的服务领域，促进城市与农村支付结算服务的互补。

六、加强对农村地区支付结算工作的组织领导，防范农村支付结算风险

人民银行分支机构要加强对农村支付结算工作的组织领导和监督管理。各分行、省会（首府）城市中心支行在做好本单位支付结算管理工作的同时，要加强对地市中心支行和县支行的业务指导，督促其做好农村地区支付结算工作；在制定支付结算制度实施细则和单项支付结算办法时，要充分考虑农村的特点和农民的利益，切实促进农村经济的发展。人民银行地市中心支行及县支行，应把做好农村地区的支付结算工作作为一项重要任务来抓，认真履行职责，务求取得实效。

人民银行分支机构和各金融机构要针对农村金融的特点，制定出防范农村支付体系风险的具体方案和措施。要认真研究农村金融机构接入支付清算系统后，支付风险的防范措施；要组织金融机构清晰界定支付结算代理制中的各方权责，协调处理支付结算纠纷；要认真研究部分地区出现的"民间汇兑"问题，采取"疏"、"堵"并举的措施，维护农村地区支付结算秩序。

二〇〇六年七月二十七日

中国人民银行办公厅关于进一步做好农民工银行卡特色服务工作的通知

银办发〔2006〕293号

人民银行上海总部,南京、济南、广州、成都、西安分行,总行营业管理部、重庆营业管理部,杭州、福州、郑州、南昌、长沙、南宁、贵阳、昆明中心支行,深圳市中心支行,各国有商业银行、股份制商业银行,中国银联股份有限公司:

按照人民银行总行的统一部署,在地方政府的关心支持和人民银行相关分支机构的精心组织下,各商业银行、中国银联和农村信用社克服困难、团结协作、共同努力,顺利实现了农民工银行卡特色服务在贵州、山东、福建、重庆、江苏、湖南、江西、四川、陕西、云南、河南、广西等12个省市的开通。为充分发挥农民工银行卡特色服务的政策效果,在认真总结前期推广工作的基础上,现就进一步做好农民工银行卡特色服务工作通知如下:

一、进一步提高认识,切实加强组织领导

农民工银行卡特色服务是人民银行会同有关方面全面落实科学发展观,按照党中央、国务院关于"三农"工作和建设社会主义新农村的战略部署,为提升农村金融服务功能，改善农村信用社支付结算渠道，方便农村外出务工人员异地存取款而实施的一项惠及农民工切身利益的实事工程。各有关单位要充分认识开展农民工银行卡特色服务的重要意义，增强大局意识和服务意识，切实履行职责，做好相关工作。

随着业务在各推广省市的全面开通，农民工银行卡特色服务的工作重点要转到提高服务质量和水平上，要通过加强宣传，扩大影响，增加业务交易量和交易金额，提高交易成功率等，真正使广大农民工享受到农民工银行卡特色服务的便利。在农民工春节集中返乡时段即将到来之际，人民银行相关分支机构应根据农民工输出地和输入地的不同特点，把农民工银行卡特色服务的相关工作作为近期工作重点，加强组织领导和协调，依靠当地政府，确保农民工银行卡特色服务扎实推进，取得实效。各商业银行、中国银联和农村信用社要结合本单位实际，周密部署，密切配合，以务实的精神扎实做好农民工银行卡特色服务工作。

二、采取有效措施，不断提高服务质量和水平

（一）各发卡银行应于2007年2月1日前将所有的普通借记卡对农民工银行卡特色服务开放，最大限度地方便农民工持卡人，提高交易成功率。

（二）适当调低手续费标准。为体现出对农民工的优惠，提高农民工使用银行卡的主动性和积极性，从2007年2月1日起，施行新的农民工银行卡特色服务手续费标准，即对持卡人的每笔取款手续费由原来的按取款金额的1%收

取降至0.8%，每笔最高收费限额由50元降至20元，收费分配比例不变。各商业银行、中国银联和农村信用社应尽快按照该收费标准进行系统改造，确保新手续费标准按时调整。中国银联要做好对各商业银行和农村信用社的业务、技术支持。

（三）加强业务培训，完善交易凭证相关要素。人民银行分支机构应督促指导农村信用社加强对相关业务人员的培训，规范和优化业务受理流程，降低操作风险，确保持卡人办理业务方便、快捷；应要求农村信用社完善业务受理的交易凭证内容，每笔取款交易出具给持卡人的交易凭证必须包括交易金额、余额、收取的手续费金额等要素，确保持卡人知情权。中国银联要为农村信用社提供培训服务和相关业务、技术支持。

（四）做好持卡人的咨询和投诉服务工作。商业银行、中国银联、农村信用社要针对农民工银行卡特色服务完善客户服务，公布客户服务电话，做好农民工使用银行卡的咨询和投诉服务工作。

三、严格业务规范，加强风险管理

人民银行分支机构应督促农村信用社认真执行《中国人民银行办公厅关于印发农民工银行卡特色服务推广工作实施方案的通知》（银办发〔2006〕163号）的规定，将开通农民工银行卡特色服务的营业网点限于县及县以下地区。中国银联分公司要做好农村信用社受理网点的相关业务控制。

各参与单位要进一步加强风险管理，严格遵守国家有关账户管理、现金管理、银行卡管理及反洗钱管理的规定。人民银行分支机构应要求辖区内农村信用社采取严格措施，确保银行卡交易数据传输的安全性与保密性，采用的加密技术和措施要符合国家有关规定，密钥的生成、存储、个人密码的加解密及鉴别报文均必须使用硬件加密设备，密钥和个人密码的完整明文不得在硬件加密设备外出现，以保障持卡人的资金安全。

四、积极做好宣传工作，促进业务的进一步开展

人民银行制订了《2007年农民工银行卡特色服务宣传指导方案》（见附件），各有关单位要按照该方案的要求，开展多层次、多角度、多方位的宣传，营造良好的舆论氛围。特别是在春节农民工集中返乡前后，应开展生动活泼、形式多样、贴近农民工的宣传活动，并在农民工输入大省（市）用工较多的建筑、制造、餐饮等行业加强宣传，鼓励用工单位通过银行卡为农民工发放工资。

人民银行分支机构应充分发挥指导和协调作用，结合本地实际，组织制订宣传工作的具体实施方案。各商业银行、中国银联、农村信用社要组织本单位分支机构配合人民银行分支机构开展农民工银行卡特色服务宣传工作，并在经费、人员等方面提供支持。

农民工银行卡特色服务宣传工作要坚持面向群众、面向农民工，要根据受众和媒体的特点，采用通俗易懂和农民工容易接受的方式进行，要科学制定集中宣传和经常性

宣传计划，通过针对性和操作性强的宣传报道，使农民工了解该特色服务的功能和操作要求，参与使用该特色服务。

五、做好统计、报告和分析工作

中国银联应做好统计、报告和分析工作，按季向人民银行支付结算司报送农民工银行卡特色服务受理方和发卡方业务开展情况及相关分析报告。人民银行各相关分支机构也要做好辖内业务的统计和分析工作。

二○○六年十二月二十六日

附件

2007年农民工银行卡特色服务宣传指导方案

为进一步扩大农民工银行卡特色服务的推广效果，营造良好的舆论氛围，人民银行总行决定统一组织2007年农民工银行卡特色服务的宣传活动。

一、宣传主题

亲情银行卡服务农民工。

二、宣传方式

宣传活动采取上下联动，共同宣传的方式。人民银行总行确定统一的宣传素材和内容，组织商业银行总行、中国银联总公司在全国性报纸、电视、互联网（包括人民银行、各商业银行和中国银联网站）等媒体开展农民工银行卡特色服务的宣传报道。人民银行分支机构组织当地商业银行、中国银联分支机构和农村信用社，在当地主流报纸、电视等媒体进行宣传报道，并因地制宜采取多种生动活泼、形式多样、贴近农民工的宣传活动。

三、宣传时间

本次宣传分为集中宣传和经常性宣传。集中宣传活动时间为2006年12月至2007年3月的农民工返乡和外出打工高峰期，特别是春节前后。经常性宣传时间为2007年全年。

四、宣传内容

宣传活动要结合银行卡方便、快捷、安全的特点，突出农民工银行卡便利和优惠的服务特色，提高农民工参与农民工银行卡特色服务的主动性和积极性。

人民银行分支机构应结合本地实际情况，在农民工返乡、外出打工高峰期，特别是春节前后进行集中宣传，组织在报纸、电视等媒体上广泛进行专题报道或播放公益广告。在农民工输出地区的每个开通受理农民工银行卡特色服务的农村信用社营业网点张贴宣传海报、折页和条幅，并免费赠送一定数量的春联、福字和年历给农民工家庭。在农民工输入地区的主要街道、火车站、汽车站、客运码头及农民工比较集中的场所悬挂宣传条幅、张贴海报；在农民工用工较多的建筑、制造、餐饮等行业进行集中宣传，宣传内容包括现场办理银行卡，讲解农民工银行卡特色服务的功能和操作要求，向农民工普及银行卡使用和风险防范常识等；在商业银行的营业网点张贴海报、摆放折页，积极引导农民工办理银行卡。

同时，人民银行分支行还应经常性地组织相关单位深入农村乡镇、用工单位、车站等场所，采用多种形式，广泛深入持久地开展多种形式的宣传活动，并根据不同新闻媒体的特点，开展各具特色的长期性宣传报道。

五、宣传材料

本着规范、统一的原则，人民银行总行将确定统一的宣传文字材料，组织设计宣传海报、折页、条幅、春联、福字、年历等宣传材料和宣传品的版式，并委托中国银联在其网站上公布。人民银行分支机构、各商业银行、农村信用社下载后，可结合当地实际情况进行适当的调整，并组织印刷和分发。

请人民银行相关分支机构结合实际认真落实宣传指导方案，并将实施中有关情况和问题及时反馈总行。

中国人民银行关于改善农村地区支付服务环境的指导意见

银发〔2009〕224号

中国人民银行上海总部,各分行、营业管理部,省会(首府)城市中心支行、副省级城市中心支行,各政策性银行、国有商业银行、股份制商业银行,中国邮政储蓄银行,中国银联股份有限公司、城市商业银行资金清算中心、农信银资金清算中心有限责任公司:

为贯彻落实党的十七届三中全会精神,提升农村地区金融服务水平,有效助推农村经济发展,现就大力改善农村地区支付服务环境提出以下指导意见。

一、指导思想和总体目标

指导思想:深入贯彻落实科学发展观,按照社会主义新农村建设确立的战略目标,以服务"三农"为宗旨,大力推广非现金支付工具和支付清算系统,全面提升农村地区支付服务效率和质量,促进城乡支付服务一体化发展。

总体目标:建立有利于实施各项惠农政策的银行账户服务体系,发展适用于农村地区的支付工具体系,建设覆盖所有涉农金融机构的安全、高效的支付清算系统,促进农村地区支付服务组织多元化发展。力争到2012年，农村地区非现金支付量比2009年增长20%，农村地区银行机构建成内部清算网络，能够以电子方式办理跨行支付业务；农村地区人均持卡量1张，持卡消费额占社会零售商品总额达到10%；受理银行卡的商户增长10%；ATM、POS机具在农村地区的布放数量分别达到6万台和24万台，在较贫困的县实现ATM、POS机具布放零突破。国家各项补贴全部通过银行账户和银行卡发放。

二、促进农村地区银行结算账户的开立与使用

（一）提高农村地区银行结算账户的普及率。人民银行各分支机构要会同地方政府相关部门研究便利农户和农村个体经济组织开立单位银行结算账户的政策措施。农村地区银行机构要在防范风险的前提下，为农村经济组织、种植（养殖）专业户等开立银行结算账户创造便利条件，适当简化开户手续，促进非现金支付结算业务的发展。

（二）加强农村地区银行结算账户管理，防范资金风险。支持符合条件的农村地区银行机构加入人民币银行结算账户管理系统和联网核查公民身份信息系统，实现对农村地区银行机构银行结算账户的非现场监管。

三、因地制宜，积极推动非现金支付工具的推广普及

（三）大力推广银行卡。对已推行农民工银行卡特色服务的农村地区，要进一步加强业务指导、安全管理和宣传引导，扩大农民工银行卡特色服务的受理范围；对符合条件但尚未开通农民工银行卡特色服务的农村地区，要做好

指导、协调工作，创造条件尽快开通。鼓励农村地区银行机构面向农村养殖户、种粮大户、个体工商户和个体私营企业等推行支农、惠农信用卡，切实满足农民小额资金需求，有效解决短期资金周转难的问题。结合"家电下乡"等政策推动银行卡的使用。

（四）扩大非现金支付工具使用。创造条件，鼓励农村粮食、蔬菜、农产品、农业生产资料等各类专业市场使用银行卡、电子转账等多种非现金支付工具，支持国家粮食、农副产品收购机构使用非现金支付工具收购农副产品。改进补贴发放方式，实现财政转移支付资金直接到达个人账户。

（五）加快电子支付创新和普及应用工作。在经济条件成熟、网络通信等基础设施较好的农村地区，各商业银行、专业化服务机构要积极研究推动手机支付、电话支付、有线电视网络支付和网上支付等支付业务创新，充分利用农村地区现有网络通信设施，开发面向广大农村地区、符合农民群众支付需要的电子支付产品，并加大宣传和营销力度，创造条件引导农民积极使用。

（六）发展票据业务。鼓励在农村地区的批发市场、农资交易市场、小商品市场等场所使用银行本票。支持农村地区银行机构推广银行汇票。指导农村信用社稳步发展银行承兑汇票业务，为经营状况好的农村地区银行机构承兑或贴现的涉农票据优先办理再贴现业务。鼓励银行机构在有条件的农村地区开展商业汇票业务，满足农村重点龙头企业的融资结算需求。

四、夯实基础、畅通渠道，拓展支付清算网络覆盖面

（七）发挥跨行支付清算系统的核心作用。积极引导农村地区银行机构充分利用大、小额支付系统、支票影像交换系统等办理支付业务。要采取灵活多样的接入方式，实现人民银行大、小额支付系统全面覆盖农村地区银行机构。指导农信银资金清算中心将农信银支付清算系统延伸到乡，充分发挥其连通城乡的支付清算网络优势。

（八）有效推进银行卡的联网通用。根据农村地区对ATM、POS机具的有效需求，合理推进ATM、POS机具的布放。鼓励中国银联向农村地区银行机构延伸服务，扩大农村地区的联网通用覆盖面。

（九）完善内部清算网络建设。人民银行各分支机构要加强对农村地区银行机构内部清算网络建设的跟踪指导，组织力量，研究农村小型金融机构业务处理系统标准软件和硬件配套以及外包处理，促进农村地区银行机构提高行（社）内支付业务处理效率。新设农村信用社及中国邮政储蓄银行分支机构必须实现与上级机构的清算网络连接。鼓励新型农村地区银行机构通过代理方式办理支付结算业务，允许符合条件的新型农村地区银行机构接入人民银行支付系统。

五、顺应需求、多措并举，不断完善支付服务市场

（十）建立多层次、多元化的支付服务渠道。农村信用社要发挥在农村地区支付服务主力军作用，完善配套设施，

深化农民工银行卡特色服务；中国邮政储蓄银行要不断提高农村地区营业网点的服务水平，实现邮政电子汇兑系统全面覆盖所有营业网点；农业银行要抓住改善农村支付服务环境的契机，不断开发适合农村支付服务发展需要的惠农卡等非现金支付工具。城市地区银行机构要加强与农村地区银行机构的合作，利用农村地区银行机构自身资源优势，开创互利互惠、合作竞争的良好局面。

（十一）强化农村地区银行卡受理市场建设。推动农村信用社扩大开通农民工银行卡特色服务受理方业务的营业网点数量。促进中国邮政储蓄银行全面开通农民工银行卡特色服务，充分利用其遍布乡村的网点优势，拓展农民工银行卡特色服务的覆盖范围。协调农业银行、农村信用社和中国邮政储蓄银行等按照互利合作的原则，调整农村地区银行卡的收费策略，便利银行卡在农村地区的跨行使用。鼓励专业化服务机构参与农村地区银行卡受理市场建设，有针对性地面向医院、商店、市场、宾馆、旅游景点等发展特约商户，扩大特约商户覆盖面。指导农村地区收单机构拓展特约商户，特别是将比较大的零售消费品商店发展为银行卡特约商户。

六、注重风险防范，增强支付服务环境的安全性

（十二）认真落实制度，健全防控措施。农村地区银行机构要认真落实账户实名制，加强身份核实，严把特约商户准入关，建立健全特约商户检查监督制度。采取多种措施不断提高农民使用各类非现金支付工具时的自我保护意识，引

导其正确使用非现金支付工具。提高非现金支付工具的防伪能力，加强ATM、POS机具的监控与维护，确保支付清算系统的运行可靠性。切实加强电话POS等新型终端设备的风险管理，完善安全措施。

（十三）完善报告制度，打击犯罪活动。要高度重视预防和打击支付领域违法犯罪活动，尽快建立和完善农村地区支付领域违法活动信息报告制度、联合预防机制等，对出现的犯罪手法和类型，按照有关规定及时上报，并向农村地区银行机构进行通报，或向社会公开发布风险提示。主动协调、积极配合公安机关依法打击支付领域的各类违法活动，切实保障广大农民群众利益，增强他们使用非现金支付工具的信心。

七、加强宣传、重视培训

（十四）深入开展形式多样的宣传工作。人民银行各分支机构和农村地区银行机构要精心策划具有针对性、操作性强的宣传方案，并切实做好组织实施工作。与地方宣传主管部门密切合作，充分利用地方电视台、广播电台、报纸以及其他宣传媒介加强宣传。在旅游景点、农贸市场、养殖基地等农民密集的场所可开展银行卡、票据等非现金支付工具的宣传推广活动。在已实施农民工银行卡特色服务的地区，可利用农民工返乡时机重点宣传农民工银行卡的使用。要让农民记得住、愿意用、用得好，真正使支付服务宣传走进千家万户，深入民心，有效提升农村地区对非现金支付方式的认可度。

(十五)突出重点和难点,做好培训工作。人民银行各分支机构要明确具体工作思路、方法、重点等。每年至少对辖内各县支行工作人员进行一次专业培训,要组织开展农村地区银行机构相关从业人员的专业知识、业务能力培训。通过不定期举办知识竞赛、开展业务技能考试与岗位练兵等形式,真正提高农村地区银行机构临柜人员的宣传和服务水平。

八、加强领导,统筹安排,有序推进,讲求实效

(十六)建立和强化组织领导工作机制。改善农村地区支付服务环境是一项长期的任务。要充分认识这项工作的重要性、必要性和长期性,增强紧迫感和使命感,加强领导、科学规划、精心部署,确保农村地区支付服务环境改善工作落实到位。人民银行各分支机构要与地方政府相关部门共同成立农村支付服务环境改善工作领导小组,统一组织、指导、协调和监督检查农村支付服务环境改善情况。充分发挥人民银行县支行贴近农村基层的作用,调动其积极性、主动性,做好推广、宣传、信息反馈等工作。

(十七)因地制宜,明确工作目标和方案,统筹安排实施进程。2009年,人民银行各分支机构要根据所在省(自治区、直辖市、计划单列市)内农村地区的经济发展水平,划分较高、一般、较差三个层次,分别选取1~2个县作为改善农村支付服务环境的示范县,研究制定示范县的工作目标和方案,探索改善农村支付服务环境的具体做法,认真总结经验。自2010年起,根据农村地区实际情况推广示范县的经验

做法，全面开展农村地区支付服务环境改善工作。要及时掌握辖内农村支付服务环境改善工作的进展情况，指导督促各项目标全面落实到位。

（十八）正向激励、按绩评优，务求实效。人民银行各分支机构要依据已制定的辖区内农村支付服务环境改善工作目标和实施方案，对农村地区银行机构各阶段工作目标的实现情况进行检查考评，总结表彰。同时，要认真分析存在的问题并研究改进措施，确保辖区内农村支付服务环境改善工作目标的顺利完成。人民银行将会同有关部门，对做出突出贡献的单位和个人进行表彰和奖励。

二〇〇九年七月十六日

中国人民银行关于推广银行卡助农取款服务的通知

银发〔2011〕177号

中国人民银行上海总部,各分行、营业管理部、省会(首府)城市中心支行,各副省级城市中心支行;各国有商业银行,股份制商业银行,中国邮政储蓄银行;中国银联股份有限公司:

为进一步改善农村地区支付服务环境,提升农村金融服务水平,中国人民银行在总结前期试点经验的基础上,决定在全国范围内推广银行卡助农取款服务(以下简称助农取款服务)。现将有关事项通知如下:

一、助农取款服务是通过银行卡收单机构在农村乡(镇)、村的指定合作商户服务点(以下简称服务点)布放银行卡受理终端,向借记卡持卡人提供小额取款和余额查询的业务。

二、助农取款服务采用专门交易类型,由中国银联统一设置。每卡每日累计最高取款金额不超过1000元(含)人民币。严禁为信用卡(含贷记卡和准贷记卡)提供取款服务。

三、助农取款服务受理终端可使用固定POS机（销售点终端机）或带硬件加密功能的电话支付终端。在固定线路通信网络缺乏或严重不稳定的情况下，经当地中国人民银行分支机构批准，收单机构可布放屏蔽SIM卡（用户身份识别卡）漫游功能的移动POS机和带硬件加密功能的无线电话支付终端。

四、提供助农取款服务的相关机构，不得对余额查询业务收取费用。收单机构通过受理本行发行的借记卡办理小额取款业务的，同城（不小于地级市行政区划）不得收费，异地不超过本行异地汇兑手续费。收单机构通过受理他行发行的借记卡办理小额取款业务的，对持卡人的手续费收费标准不超过农民工银行卡特色服务取款手续费；各机构之间的手续费分配比例，由中国银联商会员机构本着"最大限度让利收单机构"的原则制定，并向中国人民银行报告。

对持卡人的手续费收取通过系统自动设置从银行卡内直接扣收，禁止服务点向持卡人收取任何额外费用。

五、助农取款服务收单机构应具备以下条件：（一）具备银行卡收单业务资质；（二）开业两年以上，经营状况良好，无重大违规违纪行为，未发生过重大支付结算差错事故；（三）内控制度健全，人员素质和数量符合管理要求，能对助农取款服务开展业务指导、监测和检查；（四）当地中国人民银行分支机构要求的其他条件。符合上述条件的机构可提出申请，由当地中国人民银行分支机构审核通过后确定为助农取款服务收单机构。申请材料包括：（一）金融业务（银行卡收单业务）许可证、营业执照、法人代表或单位负责人身份证复印件；（二）书面申请报告，包括机构发展概况、银行卡业务发展现状、开办助农取款服务的必要性、可行性论证、服务优势、配套政策、工作思路等；（三）业务管理规定、操作流程、实施细则；（四）与服务点签订的协议样本；（五）当地中国人民银行分支机构要求的其他材料。在同等条件下，中国人民银行各分支机构应优先考虑涉农金融机构开展助农取款收单业务。

六、收单机构对服务点的选取应坚持平等自愿、风险可控的原则。服务点应具备有固定场所、运营稳定、经营规范、信誉良好、热心为农户服务等基本条件，并能遵守银行卡支付相关规定，具有一定的经济实力。

服务点申请材料须包括工商营业执照、负责人身份证件、税务登记证，不能提供税务登记证的，可使用土地使用证、户口簿、村委会出具的加盖公章的经营证明等替代资料。收单机构在收到申请资料并核验真实后，应对商户进行现场考察并拍照留存，必要时还应广泛听取当地政府、村委会和群众意见，在对商户进行资信状况调查后确定服务点。服务点确定后，收单机构应上门为服务点安装受理终端，严禁未进行服务点入网审核提前安装受理终端。

七、助农取款服务点重点考虑以下类型：（一）经营规范、运营稳定的商户，如供销社、百货公司、农资连锁店、饲料批发店、农副产品批发店等；（二）电信、移动、电网等运营商网点，邮政网点；（三）有固定营业场所、信誉较好的便民店、小超市。在能解决现金来源、风险可控的前提下，收单机构也可经当地中国人民银行分支机构批准，选择村委会或由村委会推选的代理人为服务点。单个乡镇或行政村的服务点数量由各地中国人民银行分支机构根据乡镇和行政村的规模、人口数量和地理位置等情况综合确定，但不得超过3个。对于规模较小、人口稀少的行政村，可与相邻的行政村合并设立服务点。

　　八、收单机构要与服务点签订协议，明确各自权利、义务和违约责任。双方在协议中，应就现金来源、差错处理、客户纠纷处理、风险防范等进行约定。收单机构可为同时满足银行卡特约商户相关管理要求的服务点开通消费交易，但应严格要求服务点使用真实交易类型上送交易，不得将消费交易和助农取款交易互相套用。收单机构可根据服务点资信状况和风险情况采取免除机具押金、提供必要的资金支持等措施，调动服务点业务积极性。

　　收单机构应在服务点醒目处统一悬挂"银行卡助农取款服务点"标牌，为服务点配备验钞设备和能够打印交易单据的受理终端。要求服务点建立统一的助农取款登记簿，逐笔登记取款日期、取款人身份信息、取款金额等信息，经取款人或代理人签字（指纹）确认，并定期核对。持卡人对现钞有争议的，应当场更换。要向持卡人明示安全用卡须知、假币识别、举报投诉电话等注意事项。要加强宣传，引导农民全面了解并正确使用该项服务，培养农民用卡习惯。

收单机构要对服务点和受理终端建立信息档案，加强对服务点的业务和技能培训，通过服务点进行假币识别宣传，防范假钞风险。要每季对服务点至少巡检一次。对存在欺诈、套现、卡片侧录、利用受理终端不正当牟利、故意使用假币等行为的服务点，收单机构应中止协议，收回受理终端和标识牌，并及时向当地中国人民银行分支机构报告。构成犯罪的，应移交司法机关。其他收单机构不得再与其合作开展银行卡业务。

九、各相关机构要按季汇总有关信息，从2012年1月起，于每季度结束后15个工作日内报送中国人民银行总行。

（一）中国人民银行各分支机构将本地区情况按附件中附表1格式报送中国人民银行总行。

（二）中国农业银行和中国邮政储蓄银行将本银行情况按附件中附表2格式报送中国人民银行总行。

（三）中国银联将跨行情况按附件中附表3的格式报送中国人民银行总行。

十、有关工作要求

（一）高度重视，加强领导。

助农取款服务推广工作是中国人民银行深入贯彻落实

党的十七届三中全会、五中全会和《中共中央 国务院关于加大统筹城乡发展力度进一步夯实农村农业发展基础的若干意见》（中发〔2010〕1号）文件精神，专为便利偏远农村地区小额现金支取的一项实事工程。中国人民银行各分支机构、各发卡机构、各收单机构、中国银联务必高度重视和充分认识开展助农取款服务的重要意义，借鉴农民工银行卡特色服务开展的经验，认真做好组织和推广工作，构建起支农、惠农、便农的"支付绿色通道"，切实把安全、经济、便捷的现代化支付服务延伸到万村千乡，将政府部门有关惠民利民政策的温暖送到老百姓身边。为加强组织领导，中国人民银行各分支机构要组织成立推广工作领导小组，负责本地区助农取款服务推广和业务开展过程中的组织、协调、指导、监督工作。

（二）加强组织协调，稳妥推广。

各地推广工作领导小组要组织制定辖区内助农取款服务的推广计划和实施方案，并报中国人民银行总行。要根据本地实际情况，先行选择乡镇进行试点、充分总结经验后再稳妥推开，争取在2013年底前实现助农取款服务在本地区农村乡镇的基本覆盖。要加强对当地手续费制定工作的协调、指导，最大限度优惠和便利农民。要积极争取当地政府部门在财政、税收、通讯费用、机具购买等方面的支持。要加强对收单机构的监督管理，对违反本通知有关规定的收单机构，各地推广工作领导小组可视情节轻重，采取通报批评、罚款、暂停业务、取消资质等措施，并报中国人民银行总行。

（三）各负其责，紧密配合。

各发卡机构、各收单机构、中国银联要加强协作，做好相关技术改造和业务推广工作，切实防范风险，促进助农取款服务项目顺利实施和业务健康发展。

中国银联应对助农取款跨行服务制定统一的业务和技术实施方案，并报中国人民银行总行。要协调相关机构进行系统改造，做好助农取款服务的跨行交易清算服务。

十一、各参与单位在助农取款服务推广和业务开展过程中的特色做法、经验以及遇到的问题和情况，应及时报告中国人民银行。请中国人民银行各分支机构将本通知转发至辖区内相关机构。

二〇一一年七月十一日

中国人民银行支付结算司关于开展农村地区手机支付试点工作的通知

银支付〔2012〕212号

中国人民银行上海总部金融服务一部，各分行、营业管理部、省会（首府）城市中心支行、深圳市中心支行支付结算处：

为探索手机支付业务模式，进一步改善农村地区支付服务环境，提升农村地区金融服务水平，中国人民银行支付结算司决定开展农村地区手机支付试点工作。为保障试点的顺利开展，现将有关事宜通知如下：

一、指导原则

安全、经济、简便、易推广，深入农村、便民惠民。

二、组织分工

总行支付结算司负责试点工作的整体部署和组织指导；人民银行上海总部，各分行、营业管理部、省会（首府）城市中心支行、深圳市中心支行（以下简称人民银行省级分支机构）支付结算处负责辖内试点工作的组织协调和指导管理，包括组织试点单位制定试点方案、报经总行支付结算司批准后组织实施，向总行支付结算司报送信息，组织宣传推广活动等；中国支付清算协会负责协助总行支付结算司做好试点工作的跟踪调研、监测分析、宣传推广等；中国银联与试点单位合作开展相关银行卡转接清算服务和受理环境建设；各试点单位按照人民银行的部署具体开展试点工作。

三、试点地区和单位

（一）试点地区的选择。

试点地区原则上应选择金融服务资源欠缺、支付服务供给相对不足的县域、乡镇。人民银行省级分支机构支付结算处应根据本地区经济发展状况、农民收入水平、农村支付结算需求，结合本地区已开展的农民工银行卡特色服务、小额助农取款服务等情况，尊重涉农金融机构、支付机构意愿并充分评估其业务开办能力，决定是否开展手机支付试点，杜绝一哄而上、不切实际、盲目试点。

（二）试点单位的选择。

试点单位的选择应遵循自愿原则。试点单位为银行业金融机构的，应为中国农业银行、中国邮政储蓄银行或农村信用社等当地涉农金融机构。试点单位为支付机构的，应取得"移动电话支付业务许可"（已获"移动电话支付业务许可"支付机构名单见附件）。

四、申报和实施

（一）申报。

人民银行省级分支机构支付结算处应在征询辖内涉农

金融机构和支付机构意愿并充分调研的基础上，确定试点地区和试点单位，牵头组织试点方案的制定，于2012年9月底前将本辖区的试点方案上报总行支付结算司。试点方案应包括：

1. 试点地区支付结算服务需求调研报告；

2. 试点单位同意在本地区开展试点工作的书面意见；

3. 试点的主要业务模式和计划；

4. 完备的试点业务实施方案、业务种类、相关业务管理规定、操作流程、业务核对核查机制等。

试点期间如需新增试点单位、试点地区、试点产品和业务模式，应比照上述要求申报。

（二）实施。

试点单位应按照总行支付结算司批复的试点方案做好各项业务、技术和工程实施准备工作，保障试点工作按时、顺利开展。人民银行省级分支机构支付结算处应对试点单位开展试点工作予以指导、督促。

五、业务管理要求

本次试点的手机支付业务是指银行和支付机构面向农村居民提供的、通过手机等具备移动通话功能的设备，依托移动通信网络、无线局域网或借助移动电话与支付受理终端之间的信息交互技术发起支付指令，实现货币资金转移的服务。

(一)业务种类。

试点业务包括支付账户充值及退回、账户查询、付款(含交易付款、税费缴纳、脱机消费等)及退款、小额转账、小额取现、补贴发放等服务项目。各试点单位应严格按照批准的业务种类开展试点工作。

1. 支付账户充值及退回。

支付账户充值是指客户将本人银行账户中的资金转入客户支付账户,或通过支付机构网点及其代理服务点将规定额度以下的小额现金充值至支付账户。

充值退回是指客户将为支付账户充值后的未用资金原路退回至银行账户。

2. 付款及退款。

付款是指客户因购买商品或服务、缴纳税费等,将银行账户、支付账户中资金或电子现金通过联机或脱机交易方式划转至收款人支付账户或银行账户。

退款是指因交易不成功等原因,收款人将交易资金原路退回付款人账户。

3. 小额转账。

小额转账是指客户非因购买商品或服务、缴纳税费等,将本人银行账户或支付账户中资金转至收款人银行账户或支付账户。

4. 小额取现。

小额取现是指客户将银行账户或支付账户内规定额度

以下的小额资金通过代理服务点或支付机构网点提取现金。

5. 补贴发放。

补贴发放是指银行或支付机构根据各政府部门的规定,将涉农补贴通过手机支付发放到指定农户的银行账户或支付账户。

(二) 试点业务的规范要求及风险管理。

1. 实名制管理。

农村地区手机支付试点业务实行实名制。各试点单位应严格核查验证用户身份信息,银行账户、支付账户应实现与手机号码的关联。

2. 账户类型。

农村地区手机支付试点业务支持的账户类型有银行结算账户(信用卡除外)、电子现金以及支付机构的支付账户。

3. 支付限额管理。

为控制风险,农村地区手机支付试点业务实行限额管理。支付账户小额现金充值每月每客户累计金额不得超过1000元。依托支付账户办理小额转账业务时,支付账户每笔转出金额不得超过1000元、每年每客户累计金额不得超过10000元。小额取现业务每人每日累计取款金额不得超过1000元。

4. 严格执行备付金制度。

支付机构接受客户的资金,不属于支付机构的自有财产，应全额存入备付金账户，不得将资金用于或变相用于任何形式的投资活动或融资活动，确保备付金安全。

5. 代理服务点管理。

各试点单位根据需要，可遵循平等自愿、风险可控的原则选择代理服务点代办手机支付业务。代理服务点可提供支付账户充值、账户查询、交易付款、小额转账、小额取现、宣传辅导等服务。设置代理服务点的，人民银行省级分支机构应设立准入标准、明确管理要求，并组织执行和监督落实。

6. 商户管理。

手机支付的商户实行实名制管理。试点单位应制定商户审批流程和审批制度，发展经营规范、信誉良好的供销社、农资销售点、公用事业单位、超市、便利店等涉农商户。试点单位应做好商户的日常回访和培训工作。

7. 风险管理。

试点单位应根据业务需要，建立安全稳定的业务处理系统，确保交易处理准确、及时。同时，各试点单位应建立完善的风险管理措施和应急处置机制，确保客户信息安全和资金安全。

各试点单位应建立健全客户投诉受理机制和差错处理机制，并应建立风险准备金制度。对非因客户原因造成的资金损失，试点单位应承担先行赔付责任。

(三)服务收费管理。

各试点单位应按照"保本微利、让利于民"的原则制定各类试点业务的收费标准。其中余额查询业务免予收费;缴费业务不得向付款人收取费用。

二〇一二年七月十八日

中国人民银行关于全面推进深化农村支付服务环境建设的指导意见

银发〔2014〕235号

中国人民银行上海总部，各分行、营业管理部，各省会（首府）城市中心支行，各副省级城市中心支行；国家开发银行、各政策性银行、国有商业银行、股份制商业银行，中国邮政储蓄银行；中国银联股份有限公司、城市商业银行资金清算中心、农信银资金清算中心有限责任公司；中国支付清算协会：

为全面贯彻落实党中央、国务院关于加强和改善农村金融服务的一系列工作部署，现就进一步深化农村支付服务环境建设有关工作提出如下意见：

一、指导思想

以党的十八大和十八届三中全会精神为指导，充分发挥农村支付服务环境建设对于发展普惠金融和健全城乡发展一体化体制机制的基础性作用，进一步扩大现代化支付体系建设成果在农村的应用和普惠面，丰富农民易于接受和获得的支付服务和支付产品，提升农村支付服务水平，形成以"三农"金融需求为导向，多层次、广覆盖、可持续的农村支付服务体系，推动金融包容性增长和城乡金融服务一体化发展。

二、基本原则

需求导向，因地制宜。立足实际，根据不同农村地区的经济金融发展水平、资源禀赋，实事求是地制定政策措施和工作目标，研究推出符合农民需求、安全好用易操作的非现金支付产品。

丰富主体，鼓励创新。尊重基层首创精神，鼓励引导各类支付服务提供主体参与农村支付服务市场建设，激发其积极性和创造性，发挥各类商业模式的特点和优势，推动农村地区支付服务创新发展。

风险可控，试点先行。稳妥开办新的支付业务、增加新的支付功能。认真总结试点经验，推动形成可复制、可推广的业务模式。密切关注农村地区支付服务风险，强化农村地区用户的风险意识和风险防范能力，在风险可控的基础上，有序推广支付服务新产品、新功能。

政策扶持，包容发展。既要尊重商业规律，使市场在资源配置中起决定性作用，又要积极争取政策扶持，以业务可持续发展为导向，协调推动金融、财税、农业、商务、通信等相关部门支持农村支付服务环境建设。

三、推进综合性惠农支付服务建设

（一）丰富银行卡助农取款服务点（以下简称服务点）的业务功能。银行卡收单机构可根据实际需求，通过服点新增办理现金汇款、转账汇款、代理缴费业务。

现金汇款是指服务点收取汇款人小额现金,并通过扣划服务点的银行账户(包括银行借记卡账户和存折账户,下同)资金,将等额款项转入汇款人指定的银行账户。转账汇款是指服务点不收取汇款人现金,通过直接扣划汇款人的银行账户资金,将相应款项转入汇款人指定的银行账户。代理缴费是指服务点通过现金汇款或转账汇款方式,为缴费人办理的专门面向水电气费、通讯费、新农合、新农保等账单出账单位的费用缴纳业务。现金汇款、转账汇款、代理缴费分别采用专门交易类型,由银行卡清算机构统一设置。本行交易和跨行交易均应遵循该设置,确保交易可识别、可统计、可控制。收单机构和银行卡清算机构应自本意见印发之日起6个月内完成相关设置。

(二)适度调整限额管理要求。服务点办理助农取款或现金汇款业务,原则上单卡、单日累计金额均不得超过2000元;各银行业金融机构根据风险防范能力自行对转账汇款进行限额管理,并向当地人民银行副省级城市中心支行以上分支机构报备。服务点应建立现金汇款业务台账,逐笔登记现金汇款日期、汇款人身份信息、金额等信息,经汇款人或其代理人签字(指纹)后确认,并定期核对。人民银行总行或副省级城市中心支行以上分支机构可根据业务发展情况、风险控制能力等因素调整上述限额。

(三)完善收单机构管理。收单机构已参与助农取款服务并拟在服务点新增现金汇款、转账汇款、代理缴费业务功能的,应选择经营稳定、风险防范能力强且未发生过风险事件的服务点先行试点、稳步推广,并在新增业务功能前向当地人民银行地市中心支行以上分支机构报备。收单机构拟申请参与助农取款服务及新增支付业务试点的,参照《中国人民银行关于推广银行卡助农取款服务的通知》(银发〔2011〕177号)办理。收单机构具体管理要求由人民银行副省级城市中心支行以上分支机构确定。支付机构作为收单机构参与服务点业务的,应将委托划转资金直接转入委托人指定的银行账户,不得通过支付账户划转。人民银行各级分支机构应密切跟踪监测服务点新增支付业务功能的风险和发展,及时总结报告。

(四)提升服务点的服务与管理水平。服务点原则上应设置于无银行业金融机构网点的村、屯。收单机构应积极稳妥采取措施支持服务点业务开办所需资金,切实加强服务点有关现金管理安防措施和能力,在与服务点签订的协议中明确现金管理防范措施等内容,争取将服务点纳入当地公安机关监控网络,有效防范抢劫、盗窃、诈骗、假币等事件发生。收单机构应不断强化服务点的责任意识和风险意识,在合作协议中明确告知责任义务,加强对服务点规范操作培训、运行维护管理、定期巡检,建立服务点准入退出机制、激励约束机制、投诉处理机制及风险管理制度。人民银行副省级城市中心支行以上分支机构应加强对服务点名称的规范管理,依据业务功能指导收单机构为服务点统一悬挂标识牌(如惠农支付服务点)。少数民族地区的服务点应力争双语操作提示。

(五)合理制定收费定价和利益分配机制。收单机构应在服务点经营场所显著位置公示业务收费标准,且不得对余额查询及每卡、每月首笔取款业务收费。收单机构应采取有效措施,适度补偿服务点运营成本,确保其业务办理积极性。人民银行副省级城市中心支行以上分支机构应会同有关各方,按照促进可持续发展、适度优惠农民的原则,确定辖内服务点支付业务收费机制,并及时将相关收费标准及分润模式报告人民银行总行。

(六)切实提升服务点支付设施有效使用率。人民银行副省级城市中心支行以上分支机构应会同有关各方积极推进服务点开通跨行支付业务,并将此项工作作为新增服务点和服务点新增支付业务功能的重要考核因素,确保发卡行和有关收单机构均支持银行卡跨行使用。截至2015年6月末,所有发卡行和有关收单机构均应开通服务点的跨行支付业务。收单机构要根据需求情况不断优化服务点设置。对于基础条件暂不具备的村、屯,要通过加强临近村、屯服务点建设等方式为农民提供支付便利。鼓励探索其他符合农民需求、有利于服务点持续发展的金融业务功能。

四、优化农民工银行卡特色服务

(七)调整限额收费、扩大受理范围。农民工银行卡特色服务的单卡、单日取款金额累计不得超过20000元。收费标准按照取款金额的0.5%收取，最低1元，最高20元，收费分配比例不变。中国邮政储蓄银行、农村商业银行、农村合作银行、农村信用（联）社要持续增加农民工银行卡特色服务网点。鼓励地处农民工输出大省且业务系统较为完备、风险控制措施较好的其他金融机构积极参与农民工银行卡特色服务。

五、丰富支付服务主体

（八）继续发挥涉农金融机构主力军作用，支持农村支付服务市场主体多元化发展。中国农业银行、中国邮政储蓄银行、农村商业银行、农村合作银行、农村信用（联）社、村镇银行等涉农金融机构要认真总结金融支持"三农"发展相关经验，充分利用在网点设置、客户群体培养、社会认知度建立等方面的优势，继续发挥在农村支付服务环境建设中的主力军作用。鼓励其他金融机构积极顺应城乡一体化的趋势，履行社会责任，参与农村支付服务环境建设，合力促进金融包容性增长。银行卡清算机构应加大涉农银行卡支付产品创新，推进银行卡在涉农行业的应用及农村地区的联网通用。支持支付机构利用自身业务特性，开发适合农村需求的支付产品和服务，探索既有助于服务"三农"发展又有利于自身发展的业务模式。鼓励各类型支付服务主体互相合作，共同开发便农惠农支付结算产品和服务。中国支付清算协会应充分发挥自律、维权、服务、协调作用，引导成员机构积极参与农村支付服务环境建设，加强农村消费者权益保护，加大相关宣传培训工作力度。

六、持续推广非现金支付

（九）大力推广银行账户和非现金支付工具。提高银行账户普及率和活跃账户率，增强农村地区银行服务的可获得性。积极发行面向"三农"、切实具有便农惠农特色的银行卡，协调各类财政补贴通过银行卡直接发放，以"一卡多用"为特色功能，拓宽服务领域。不断完善农村地区银行卡受理环境，支持在风险可控情况下开通农村地区支付终端的跨行使用，应在2015年6月末前开通所有转账电话的跨行支付功能。支持在农村地区推广银行卡自助转账业务，为农民提供安全、便利的资金汇划方式。发卡银行可根据业务需要为持卡人默认开通自助转账业务，并应结合不同渠道的业务风险等级设置交易限额，为持卡人提供限额调整服务。银行卡清算机构应会同发卡银行确定跨行自助转账业务的开通及限额管理方案，并向人民银行总行报备。积极稳妥地在有条件的地区推广商业汇票等业务，构建产、供、销一条龙服务的支付结算链。

（十）积极发展手机支付及其他新兴支付方式。认真总结农村地区手机支付试点成功经验，利用手机支付快捷、便利、自助服务管理等业务特点，发挥手机支付在推动农村金融普惠方面的独特优势，推动移动运营商与涉农金融机构、银行卡清算机构、支付机构等有关各方合作，因地制宜推动手机支付业务在农村地区的推广应用。研究开发贴近农村、农民的手机支付产品,加强手机支付特约商户实名制管理及资金结算管理,加强客户身份识别,保障手机支付交易与信息安全。支持在应用环境较为成熟的农村地区发展网络支付业务。积极推广适应农资企业、种养殖大户、农副产品收购企业发展需求的新兴电子支付方式。密切关注农民、农户、贫困人群等有关各方需求特点,研究开发成本相对低廉、操作较简单、安全性能较好的新兴支付产品。

(十一)不断延伸支付清算网络覆盖面。积极稳妥扩大人民银行跨行支付清算系统、农信银支付清算系统、银行卡跨行交易清算系统在农村地区的覆盖面。指导农村地区银行业金融机构进一步完善内部支付清算网络,鼓励新型农村金融机构通过代理方式办理支付结算业务。畅通跨境劳务汇款渠道,降低跨境汇款成。

七、不断完善政策扶持体系

(十二)健全工作机制,争取政策扶持。建立健全由政府支持,人民银行牵头,各有关部门参与,银行业金融机构、清算机构、支付机构等共同实施的农村支付服务环境建设工作长效机制。人民银行各级分支机构应注重内部相关积极与地方政府沟通协调,力争通过财政补贴、税收减免、通信优惠、专项资金、纳入地方政府工作考核内容等形式,对政策性便农惠农支付业务给予扶持;协调各地各类财政补贴优先通过积极参与农村支付服务环境建设的涉农金融机构代发。

八、加强风险管理

（十三）加强风险管理，保障支付安全。涉农金融机构、支付机构应建立健全符合"三农"发展特点的风险管理体系，提升安全保障能力；严格落实账户实名制要求，不断强化支付结算业务的合规性；建立健全客户资金赔付责任机制，明确支付结算业务所涉消费者权益保护责任；强化内部控制，特别是加强对基层营业网点和服务点的业务管理；通过安全宣传、警示教育、操作培训等方式，不断提高从业人员和用户的安全意识。人民银行各级分支机构要适时对服务点运营情况、风险状况进行检查调研，发现问题及时反映；加大农村地区支付业务监测力度，会同公安等有关各方，建立健全农村地区支付结算风险防范和打击犯罪的长效机制，及时通报各类风险信息，迅速发现、处置、管控风险；充分利用联合整治支付结算重大违法犯罪机制的作用，适时对农村地区支付结算领域的犯罪活动开展集中打击，营造安全的支付服务环境。

九、强化宣传培训长效机制建设

（十四）深化支付结算知识宣传培训工作，提升农民认知度。以涉农金融机构实体营业网点为基地，加大日常宣传工作力度，有条件的地方可组织现场体验式宣传。发挥服务点面向群众、扎根乡村的特点，依托服务点开展综合金融知识宣传。鼓励银行业金融机构、清算机构、支付机构等各类支付服务主体充分借助多样化宣传渠道，积极探索新型宣传网络，不断创新宣传方式。适时开展阶段性工作成效展示，引导新闻媒体客观全面宣传报道。人民银行副省级城市中心支行以上分支机构至少每年在辖区内组织开展1次农村支付业务宣传，并督促有关各方加强支付安全知识宣传，加强对服务点、柜台等业务具体经办人员的支付业务知识培训，使其全面掌握并熟练操作所使用或代理的支付服务产品，不断提升其向农民进行宣传的公益服务意识和能力。

十、工作要求

（十五）制定方案，有序推进。人民银行各级分支机构要客观分析当地实际情况，依据本意见研究制定符合辖内实际的工作方案和目标。银行业金融机构、清算机构、收单机构应主动履行工作职责，对本意见确定的工作内容积极探索、研究和落实，加强信息反馈。人民银行副省级城市中心支行以上分支机构可组织收单机构在辖内选择服务点开展新增支付业务试点，人民银行总行也将选取部分地区进行综合服务试点。

（十六）认真总结，及时报告。人民银行副省级城市中心支行以上分支机构、中国农业银行、中国邮政储蓄银行、中国银联股份有限公司、农信银资金清算中心及各省级农村信用联社，应及时总结年度农村支付服务环境建设工作情况，并于下一年 1 月 20 日前报送人民银行支付结算司（电子版文件发送 zhifujigou@pbc.gov.cn 或联系人的人民银行业务网邮箱）。各省级农村信用联社年度总结由当地人民银行省会（首府）城市中心支行以上分支机构代为上报。

（十七）正向激励，按绩评优。人民银行分支机构要重视农村支付服务环境建设工作的数据统计分析，客观反映工作进展，及时总结经验、查缺补漏，据此对有关各方的工作情况进行检查、督促和评价。人民银行总行将对作出突出贡献的单位和个人进行表彰。

请人民银行副省级城市中心支行以上分支机构及时将本意见转发至辖区内地方法人银行业金融机构和支付机构。

中国人民银行
2014 年 8 月 8 日